庵上坊 [修订版]
口述、文字和图像

郑岩　汪悦进　著

生活·讀書·新知 三联书店

目录

第一章　王氏 …… 6

第二章　石匠的绝活儿 …… 12

第三章　谁的牌坊？ …… 48

第四章　家谱 …… 68

第五章　载入史册 …… 88

第六章　石算盘，石鸟笼 …… 96

第七章　后跟—后根 …… 110

第八章　故事新编 …… 130

第九章　庵上 …… 152

年表 …… 166

术语图解 …… 170

引用文献目录 …… 172

插图来源 …… 180

鸣谢 …… 182

修订版后记 …… 184

你知道鸟儿为谁唱?
你知道花儿为谁开?

——马萧萧《石牌坊的传说》

第一章 王氏

和别的女人一样,从弯腰走进花轿的那一刻起,她的名字就被忘掉了。我们只知道她的娘家姓王,她要嫁的人叫马若愚。以后,在正式的场合和行文中,她将被称作王氏或马王氏;平日里,按照婆家当地的风俗,长者可称她"若愚家里""老大家里";即使回到娘家省亲,母亲也不会再叫她的乳名或学名,而是称她"庵上的"——这其实是她婆家所在村子的名字——以表明她已经出嫁。

很多年以后,她那没有名字的名字仍然留在石头上。有两行完全相同的小字,工整而清晰地刻在庵上村一座青石牌坊(图1)的两面:

旌表儒童马若愚
妻王氏节孝坊

图1 庵上坊

两行小字之间各有四个正楷大字,东面是"节动天褒"(图2),西面是"贞顺留芳"(图3)。比起这些文绉绉的字词来说,当地的一句民谣则易懂易记:

天下无二坊,
除了兖州是庵上。

庵上村是今山东省安丘市庵上镇政府的驻地。❶也许是这句民谣起了作用,人们习惯上将这座牌坊称作"庵上坊",而不是"王氏坊"。来到这里,庵上人就会向你讲起王氏的故事:

从前,庵上村有位财主名叫马宣基。马宣基有两个儿子,若愚和若拙。长子马若愚到了该成家的年纪了,经媒妁之言,与诸城北杏村王翰林的千金订了婚。❷

第二年,马家打算完婚。但到了结婚那天,突然下起了大雨,前来贺喜的亲朋大惊失色。按照当地的风俗,结婚下雨是非常不吉利的。❸马宣基夫妇认为,新娘一定是被穷神恶鬼附体。他们劝说儿子,必须等到破解之后才能拜堂。新郎新娘被迫待在各自的房间,彼此无法见面。突如其来的打击使马若愚一病不起。这一来,马家更加确信新娘真的给这个家庭带来了厄运,婚礼因此变得遥遥无期。

不久,马若愚病逝。如马家所期待的那样,王氏继续留了下来,以长媳的身份侍奉公婆。十多年后,可怜的王氏也离开了人世。

王家也是高门大户,他们认为此事不可就此了结,便要求马家建一座牌坊来表彰其品行高尚的女儿。这时,马若愚的弟弟马若拙执掌了家门。他敬重嫂子的德行,同时马家大量的地产也使他有足够的信心来修建一座牌坊,因此他答应了王家的要求。但建造牌坊必须得到皇帝的恩准。作为一名翰林❹,王父有能力与京城取得联系。不久,王翰林果真求来一道圣旨。

图2 "节动天褒",这样的字词斯文而空洞,可以用在任何一位节妇身上。大字的两侧,工整而清晰地刻着"旌表儒童马若愚妻王氏节孝坊"

图3 "贞顺留芳"

圣旨颁布后，马家在各地张榜招募工匠。由于圣旨的压力，当地的石匠没人敢担当此任。最后，自扬州远道而来的李克勤、李克俭兄弟带领着八位徒弟揭了榜。

建造牌坊的工程十分浩大。石材完全依靠人力和畜力运到工地，为铺设运输石材的道路和制作滚木，两处山林被伐光。马家雇用了众多劳力，每天抬出成筐的铜钱支付工钱。多年以后，这座牌坊在李氏兄弟的手下建成了。但马家却因此倾家荡产，其家人甚至不得不靠乞讨度日。❺

我们多次到访庵上，有一次在这个村子停留了一个月。我们已经数不清有多少回从不同人的口中听到这同一个故事。这些人的讲述，有的言简意赅，有的绘声绘色。不同的效果取决于讲述者的口才、情绪、时间，以及听众的反应。故事的细节总有一些差别，例如有人说，马若愚在婚礼以前就已经得病，为了驱除病魔，按照当地的风俗，要以结婚来"冲喜"。还有人说，曾有一天，病中的马若愚与从娘家省亲归来的王氏在村头不期而遇，他看到新娘长得十分漂亮，心生爱慕之情，便央求父母准许他俩完婚。在遭到父母拒绝后，马若愚心中不快，病情因此加重，在获准与王氏见了最后一面后气绝身亡。

冲喜之说，将原本被认为给马家带来厄运的王氏，转换成一位无辜的受害者。马若愚与未过门的新娘病中相遇的情节，则在包办婚姻中加入了爱情的因子。这些说法，使得故事更为凄美。

其实，这个故事并不新奇。丈夫病亡，寡居的王氏尽心侍奉公婆，最终得到一个节孝两全的名声，这是历代节妇们重复了无数遍的俗套。最后的结局既不喜庆，也不幽默。但是，庵上人还是会一遍遍地讲起这个故事。

注释

王氏

❶ 安丘是鲁中山区东北边缘的一个县级市，全市总面积 2025 平方公里，现有人口约 109.6 万。东与昌邑、高密市以潍河为界，西连临朐县，南隔渠河与沂水县、诸城毗邻，北接昌乐县、坊子区。清雍正三年（1725 年）为避孔子的名讳，安丘之"丘"改作"邱"，读"期"音（见马世珍、张柏恒 1998：卷一"总纪"），后复作"丘"。本书除直接引文及书名外，均作安丘。

❷ 北杏（一作北兴）村位于今山东诸城、莒县、日照三市县交界处，距庵上的直线距离约 30 公里。马、王两家的联姻在旧时农村应属距离较远的姻亲。罗梅君（Mechthild Leutner）指出，在近代中国农村，受经济条件的影响，比较贫穷的家庭常常是在村内通婚，而与较为遥远的村庄联姻是富裕乡村家庭的选择。罗氏等人将这种婚姻称为"企业家婚姻策略"（entrepreneurial marriage strategy），认为这是出于扩大生意的原因而建立的婚姻联盟。（见罗梅君 2004：页 361～363。）

❸ 安丘民间认为婚礼刮风、下雨为不吉，下雪则大吉，有俗语云："刮风不良，下雨不长，雪里娶娘娘。"（见李纪三 1989：页 79。）民间绝不允许未婚的孩子吃鸡头，认为如果违背这一禁忌，将来新娘的花轿就会被雨淋湿，给家庭带来厄运。（见王君政、王振山 2005：页 108。）

❹ "翰林"是清代对翰林院属官的通称。翰林院以大学士为掌院学士，满汉各一人，由尚书、大学士中特派。其属官有侍读学士、侍讲学士、侍读、侍讲、修撰、编修、检讨、庶吉士等，无定员。（见邱远猷 1991：页 80。）

❺ 与那些精彩的记录不同，本章对于这个故事的介绍力求简洁，以免有添枝加叶之嫌。按照常规，我们应当在此注明讲述者的姓名、年龄以及讲述的时间和场合，如果能出示白纸黑字的"证据"，则更妙。然而，我们对这个故事的介绍所依据的并不是现成的文字，而是那些更为生动的声音。记者的新闻报道有时也报道声音，他们必须一一记录讲述者的姓名和身份等信息，以证明其报道的真实性。但是，我们无法采取这种方式，这不仅仅是因为讲述的人次太多，更重要的是，我们并不像记者那样向他们"问"这些故事，多数的情况是他们主动向我们"讲"这些故事，有时甚至使我们难以招架。老实说，开始这项研究的时候，我们主要的精力集中在牌坊的雕刻上，并不太在意这些故事。我们总感觉自己是"专家"，而那些村民的讲述有时过于热情，或多或少地打扰了我们，影响了测绘等"专业工作"的进度。但后来，我们感受到了口述的力量。如果有读者坚持要出示"文"本为证，那么可以参考本书第五章所提到的记录这个故事的各种文字。出于这种考虑，我们下文所介绍的一些故事细节，有时也尽量注明某一种出处。

第二章 石匠的绝活儿

　　讲述者完全可以借助王氏的美貌,来鼓动听众的好奇心。但实际上,在谈到王氏的时候,人们相当节制,并不刻意去描述她的容颜。面对一位节妇,似乎任何窥视的欲望,都不那么理直气壮,人们只是在说到马若愚和王氏仅有的一次见面时,才借着马若愚的眼睛,让我们隐约看到了女主人公美丽的面庞。

　　与王氏的故事相比,石匠的传说更加令人着迷。故事中有一个细节说,扬州石匠李克勤、李克俭兄弟为了赢得马家的信赖,亮出了自己的两件绝活儿:一个用整块石头雕刻的算盘,算珠可以拨得嘎嘎作响;一个石鸟笼,里面一只石雕的画眉鸟能迎风啾啾鸣唱。

　　有人还提到第三件作品,那是用一块石头雕成的一套石环,环环相扣,拿在手里叮咚作响。一般说来,石匠们所使用的工具大多比较简单,无非是斧子、锤子、凿

图 4　这是石匠们经常使用的传统工具。他们比试的不是这些家什，而是手上的"活儿"

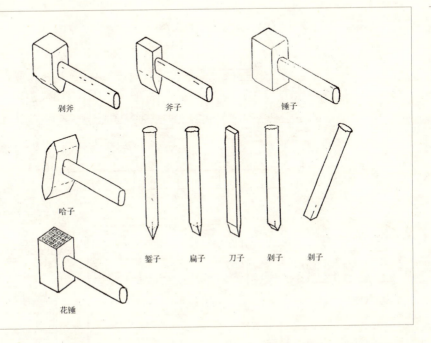

剁斧　　斧子　　锤子
哈子　　錾子　扁子　刀子　剁子　剁子
花锤

子、錾子、剁子之类（图 4）。他们制作出种种精妙绝伦的作品，所凭借的不是工具中的秘密武器，而是师徒口授心传，并经过多年磨炼而获得的高超技艺。❶还有人说，在建造庵上坊之前，李氏兄弟已在庵上东南相距 3 公里的楼子村建过一座牌坊。传说楼子牌坊虽然比庵上的小，但雕刻工艺也非常好。马家看中了楼子牌坊，才请了李氏兄弟来建他们家的牌坊。❷但楼子牌坊今已不存。

　　据说，修建牌坊的石材采自村西二十里外的杏岭子，又说取自庵上的后山或村西孝仁泉岭。人们说，从山上开来的石头全部砌到了牌坊上，一块不多，一块不少。石匠在雕刻石头时，分别加工，这里一块，那里一块，但最后垛起来的时候，各块之间榫卯相对，毫厘不爽。❸

　　这种种绝活儿也展现于庵上坊的雕刻中，牌坊本身就是这些传说的"物证"。像

图5 庵上坊立面图

图 6　庵上坊剖面图

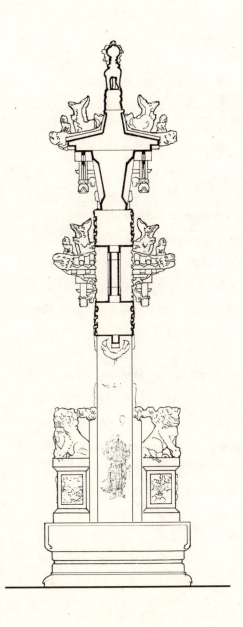

很多人一样,我们是在牌坊下听到石匠的故事的。我们的眼睛和耳朵一起发动起来,故事在牌坊精巧细密的雕刻间来回穿插,视觉和听觉浑然一体。(遗憾的是,要在这本书中完整地复原这种感受是不可能的,口头的叙述被转换成文字,牌坊的实体被转换成图片,读者无法在同一时间既阅读文字,又观看插图。)

我们不知道,如果聘请当年的一位石匠来当导游,他会按照什么样的顺序来介绍他们的作品。1993 年,本书的作者之一参加了庵上坊的测绘,这次测绘使我们接触到一种"科学的"观看方式。下文在很大程度上借助"科学的"描述方式及部分用墨线勾画的测绘图来介绍庵上坊的建筑与雕刻,只是为了更加方便和清晰(图 5、图 6)。但是,就像以这些呆板苍白的图纸来对比村里人生动的描述那样,这样文字也会显得枯燥许多。

先说一下庵上坊的位置。❹牌坊立于今天庵上村中心十字路口的西北,因为处于镇政府的繁华路段,来到庵上,很

石匠的绝活儿

15

容易就可以找到这座牌坊。(20世纪90年代初,牌坊的东侧建起了庵上镇政府办公大楼。由于二者距离太近,直接影响了牌坊的景观。)二十多年前,行人车辆还能从牌坊下穿行。虽然道路两侧的民房年代大大晚于牌坊,但这些建筑和道路很可能保留了原有的布局。❺ 经过研究者对安丘城内大量牌坊位置的考证,发现那些牌坊多是跨路而建(图7),这与庵上坊的情况大致相同,可以作为一个旁证。❻

据村里的老人回忆,再早一些,村子的规模很小,这座牌坊位于村南一条东西向大路的西端,村子里的房屋大多建在牌坊的东北部。今牌坊西北方约50米处是村民马德远家的一处老房子,据说是马若愚家旧宅的一部分。尽管后来房顶换上了红瓦,但其基本结构并无大的变化。房屋面阔三间,用青砖和土坯混筑,材料的规格并不高,但制作规整的山墙、墀头,以及檐下木制的檐板和椽子,似乎都显现出一定的身价。这处房屋在20世纪60年代被用作村里小学的教室,后曾失火,又进行了维修。马德远近年盖了新房,将这处老屋闲置起来,于是,杂草很快就长满了院子(图8)。七十岁的马仁骏老人说,这三间房子是修牌坊时的账房,成筐的铜钱就是从这里抬出去付给李氏兄弟的。❼ 除了这处老屋,马家当年其他的房产已不复存在。

我们再来看庵上坊的"建筑"和"雕刻"。

在传统的石作行业中,完成建筑基本结构的工作称为"大石作",大石作的匠人称为"大石匠";而局部的雕刻工作则称作"花石作",其匠人称为"花石匠"。❽ 按照现代的学科划分,前者可以归为"建筑"和"建筑师",后者可以归为"雕塑"和"雕塑家"。然而就庵上坊来说,一个很明显的事实是,几乎每一块石头上都雕刻有人物、动物或花草,这一建筑作品同时也是众多雕刻作品的综合体,我们很难分清石匠们哪一部分工作属于大石作,哪一部分工作属于花石作。如果硬要进行划分,那么"建筑"(大石作)的概念可能首先会存在于施工之前的总体设计图样中。❾ (或许我们测绘所得的立面图和剖面图会比较接近这种设计图。)之后,更多的工时要耗费在每一个构件——实际上是一些"雕刻"(花石作)——精细的制作过程中。最后一道工序是由下而上将这些"雕刻"搭建起来,使"建筑"的图样变成有形的实体。

图 7 这张简单的示意图中标出了安丘旧城内外曾有过的很多牌坊

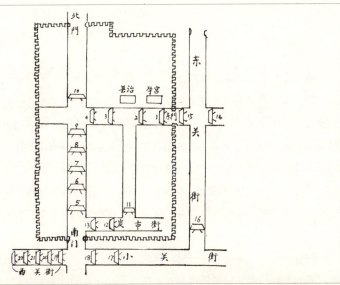

图 8 村里的老人说，这处旧宅是修牌坊时的账房，成筐的铜钱就是从这里抬出去付给李氏兄弟的

按照建筑学的术语，庵上坊为"四柱三楼式"❿，门道东西向。根据实测，牌坊通高 9.13 米，⓫ 宽 9.25 米。除了几道铁梁外，全为石灰岩雕筑而成，共用石材一百七十多块。

牌坊的四根方形立柱厚重敦实，呈一字排列，根部深埋于地下。立柱底部是四个须弥座，无论在结构上还是在视觉上，这些须弥座都增加了牌坊的稳定性。这种源于佛教艺术的形式在明清时期已被世俗建筑广泛采用，在这里也很难说有什么特别的宗教含义。在须弥座以上，两边柱东西侧各有一鼓形的依柱石，即通常所说的"抱鼓石"（图 9、图 10）。两中柱东西侧为方形的依柱石，称作"方鼓子"或"幞头鼓子"，⓬ 其顶部为圆雕的狮子（图 11）。⓭ 在大门两侧安置石狮子寓意辟除不祥，其历史可以追溯到东汉时期，⓮ 至今仍很常见。这些石狮子使我们意识到牌坊的原型与大门密切相关。

四根铁梁和立柱交叉在一起，构成了牌坊的骨架。位置最高的一根铁梁包藏在正间石雕的上额枋内，只是通过西面残破的一段，我们才能看到其内部的结构。因为次间上额枋保存完好，其内部有无同样的铁梁，目前还难以得知。这些铁家伙虽在结构上十分重要，但看起来并不抢眼。石匠们显然更想展示他们处理石头的技艺，只有在万不得已的时候，才借助于铁的力量。

正间上下额枋之间的石板称为"字牌"或"字版"，庵上当地人直接称之为"匾"。我们开头提到的"节动天褒"和"贞顺留芳"这些大字就雕刻在"匾"的东西两面，上下款均为"旌表儒童马若愚妻王氏节孝坊"（图 12）。次间的匾较小，东西两面皆刻"大清道光""己丑岁建"（图 13、图 14）。据说，这些字是高密县翰林单兰亭的手笔，⓯ 但并没有书丹者本人的落款（如果观者误将这些文字当作"御笔"，对于出钱建造牌坊的马家来说，也许正中下怀）。牌坊上马若愚和王氏的名字彰彰在目，人们会一边讲故事，一边指点着这些文字，故事和文字彼此印证，给听众和观众们留下深刻的印象。有学问的人还知道，道光己丑岁为道光九年，即公元 1829 年，屈指算来，距今已有一百八十多年。

图9 须弥座和抱鼓石　　　　　　图11 方鼓子上的狮子

石匠的绝活儿

图10 南边柱东侧抱鼓石测绘图

庵上坊

图12 "贞顺留芳"匾测绘图

图13 牌坊次间两面刻有牌坊落成的纪年

图 14　道光己丑岁即公元 1829 年

　　正间的上额枋以上置六个方形坐斗，正中央便是所谓龙凤牌。龙凤牌用一块石头雕成，东西两面都刻有"圣旨"二字（图15、图16）。人们说，这就是王翰林求来的那道圣旨。为了便于观瞻，石头刻了字的前后两面皆向下倾斜，抬头仰望，像是有一位高高在上的皇帝略微俯下身来。

　　除了中央的龙凤牌，坐斗间皆安插有透雕"卍"字的垫板，两侧"卍"字的方向左右相反。这个来源于佛教的字符意为"吉祥万德之所集"[16]。每个坐斗上又并列两短方柱，外连装饰覆莲头的垂柱，各垂柱间以骑马雀替相连接。雀替上又透雕交叉的两个菱形，即所谓"方胜"，下部为变形的龙纹。次间上额枋以上也有与正间相同的设置，坐斗、"卍"字垫板、短柱、垂柱、骑马雀替，一样都不少，只是因为两次间的跨度较小，每间只有三组（图17）。

　　明清时期，木构牌坊的檐下多见华美陆离的斗栱。民间建筑一般不准使用斗栱，唯独牌坊例外。檐下的部分常常处在阴影中，但石匠们绝不会在这里草率从事。受材

图15 龙凤牌"圣旨"二字周边的装饰十分讲究　　　　图16 龙凤牌测绘图

图17 檐子下的一些小构件以榫卯横穿竖连，石匠们故意玩弄起木匠的技艺

料的局限,他们没有直接搬用木构建筑中的斗栱,而代之以勾勾连连的垂柱、骑马雀替等,远远望去,这些小构件与斗栱有着同样的装饰效果。[17] 构件之间皆以榫卯横穿竖连,可以想见,那些高明的石匠其实也完全熟悉木匠的种种工艺。考古学家们已在距今约五千年的河姆渡文化木构建筑的遗迹中发现了榫卯构件,[18] 而中原地区的建筑中大量使用石头则比较晚。早期的石结构建筑多用于丧葬,坚硬的石头可能包含了永恒或持久的寓意。有学者注意到,最早应付石头活儿的可能是一批木匠,他们的作品显得笨手笨脚。[19] 与其先行者不同,当庵上坊的工匠再次借用木匠的手艺时,却是在故意炫耀自己的技艺。如此高明的技艺已经打破了行当之间的界限,可以在不同的材料之间来回穿梭,出神入化,就像是故事中所说的,他们甚至可以像编织竹篾那样驾驭石头,雕制出精巧无比的鸟笼。

牌坊正间、次间均为歇山顶。四坡的瓦垄、勾头、滴水、椽子、望板等构件,雕刻得十分精确,甚至连勾头和滴水上的花纹,也与下部各个构件上的雕工没有什么两样。正楼的正脊中央立一圆雕的雄狮,背负火珠,狮子的头部偏向西(图18、图19)。

次楼正脊的装饰较简单,只有一块三角形的如意云头石。正楼、次楼的正脊两端均刻有吻兽,戗脊上分别刻戗兽、蹲兽、套兽各一,角梁上有斜出的龙首形雀替。此外,每个角上的套兽下皆悬一铁铃,共十二枚,今多已残坏。

接下来就应介绍牌坊的"雕刻"了。[20]

石匠们与其说是建筑师,倒不如说是雕刻家。由于石材大小和重量的局限,这座牌坊算不上高大雄伟,总体结构也不复杂。就像故事中所说的那样,石匠们的技艺更多地体现在雕刻方面,而这一点也正是庵上人最津津乐道的。

我们在介绍牌坊的建筑结构时,仿佛眯起了眼睛,故意忽略掉各种雕刻形象。但看到那些雕刻时,我们的双目又不自觉地被其超乎寻常的风格撑开。我们或许可以设想观者们按照某种程序去欣赏那些画面,如先环绕一周,看个大概,再逐一细细品

图18 正间正脊上背负火珠的狮子　　图19 正间正脊狮子测绘图

图20 "透活儿"

图 21 这些精美的雕刻使我们确信，只有雕得出石算盘和石鸟笼的能工巧匠，才能担当修建牌坊的重任

味。但实际上，一些特别的部分会首先跳出来，吸引人们的视线。最让人目眩心动的是高浮雕和透雕的云纹与行蟒，这些雕刻环绕在"圣旨"牌和"节动天褒""贞顺留芳"匾周围。蟒为四爪（趾），和龙的五爪不同，这种设计是否和制度有关，还难以确知。[21]不过，庵上人都将它们直接称为龙，人们确信，由于中间的文字是圣旨，所以必须以龙来装饰。的确，有了这些透雕的衬托，那些大字显得格外精神。这些"龙"在层层云朵间忽隐忽现，上下腾跃，势如翻江倒海，真可称得上"活龙活现"。那些透雕的镂孔曲曲折折、玲珑剔透，使观者忘记了石头坚硬生脆的特质（图20、图21）。

透雕在民间又称"镂空雕""玲珑雕"[22]，或者简单地称作"透活儿"[23]。透活儿

的工序相当复杂，前几步需要绘画的功夫：

一、起谱子，将经过反复推敲的设计稿画在厚纸上。根据我们现场绘制的测绘图，可以反过来大致想象一下原来设计稿的样子（见图12）。

二、扎谱子，用钢针顺着线条扎出细密的小孔。

三、拍谱子，将扎了孔的纸贴在备好的石料上，用扑子将红土粉拍打到针孔上，揭下纸，画上的线条就落到了石面上。

四、过谱子，在石面上用墨笔将小红点连成清晰的线条。

五、穿谱子，用錾子沿着墨线"穿"一遍，以确保墨线在加工过程中不慎被擦除后仍有所依据。

因为物象高低差别极大，上一层的线条凿去之后，还要在下一层补画，细部也需要大的轮廓完成后再补画，所以，上面几道工序要反复进行。接下来就要看雕刻的功夫了。

六、打糙，根据"穿"后的线条将物象的大形凿刻出来。

七、见细，根据补画在大形上的线条，用錾子或扁子将细部的毛发、鳞甲、云中的细线等刻画出来，边缘的部分则要扁光修净。

八、**局部掏空挖透，某些细部还要层层掏挖。**❷

说说容易做来难，石匠们施工中还会遇到各种特殊的情况，其难度远不是以上文字所能概括的。正像一位乡间汉子开垦的土地，每一寸都种上了庄稼；正像一位农家巧姑娘剪出的窗花，细密的孔眼布满了小小的红纸片。那些透活儿繁复华丽的风格可以证明，工匠们在有限的材料中消耗了大量工时，并没有偷懒耍滑。地尽其力，物尽其用，功夫要下足，汗水要流够，这样的道理，天下都一样。而对马家来说，透活儿是对劳动力和钱财的挥霍，是其家族实力的物证。

这些精美的透活儿也使我们确信，只有雕得出石算盘和石鸟笼的能工巧匠才能担当此任。就这样，"眼见"的图像使得"耳听"的故事变得十分真实。

与云和龙带来的强烈视觉冲击不同，次间上额枋上一组花卉高浮雕（局部为透

图22 春牡丹
图23 夏荷

图24 秋菊
图25 冬梅

图26 "狮"与"师"谐音,此图寓意"太师少师"

雕)是静态的。㉕北次间东面雕春牡丹(图22),南次间东面为夏荷(图23),南次间西面为秋菊(图24),北次间西面为冬天怒放的梅花(图25)。观者将这一整套图像看全了,也就不知不觉地围绕着牌坊旋转了一圈,一年四季的轮回与观者自身的运动融为一体。㉖如此独特的感受,给观者带来了乐趣。

在欣赏次间下额枋的雕刻时,观者不仅需要用眼睛观察,还要开启自己的心智。北次间东面雕一大两小的狮子,"狮"与"师"谐音,故此图寓意"太师少师",表达了对官位的祈求(图26、图27)。按照这种谐音的原则,南次间东面所刻的大小两头白象的寓意就是"父子拜相",其中小象背驮一只瓶子,又可解读为"太平有象"(图28)。转到西面,南次间刻鹿与鹤,"鹿"音同"陆(六)","鹤"音同"合",加起来就是"六合同春"(图29)。与这三幅画面的风格不同,北次间西面的一幅则像是远景的山水画,仔细分辨,可以看到在崇山峻岭之间,有一棵树上结一蜂窝,一只顽皮的猴子正持竿捅去,人们说,"蜂"与"猴"在一起的意思是"封侯"(图

图27 太师少师测绘图

图28 大小两头白象就是"父子拜相",小象背驮一瓶,又可解读为"太平有象"

图 29 "鹿"音同"陆（六）"，"鹤"音同"合"，加起来就是"六合同春"

图 30 山间的松树上结一蜂窝，一只顽皮的猴子正持竿捅去（已残），"蜂"与"猴"在一起就是"封侯"

图 31　芭蕉

30，又见图 49）。㉗

　　属于同类题材的还有边柱东西两面的雕刻。这些画面的构图更像是一幅幅立轴，东面北边柱刻芭蕉和鹿，据说芭蕉大叶，象征"大业"，"鹿"即"禄"（图 31）。南边柱刻绣球花（图 32、图 33），含义不甚明确，或有两种可能：其一，在民间，绣球是爱情的信物；其二，常见雄狮脚踏绣球，则寓意一统寰宇。㉘西面南边柱刻牡丹，象征富贵（图 34、图 35）。北边柱刻锦鸡玉兰，寓意"金玉满堂"（图 36）。可以归到这类画面的还有牌坊底部须弥座上的装饰——在层层的祥云中，有一只只翻飞的蝙蝠，"蝠"即"福"。有的蝙蝠头向下，人人都知道，这是"福从天降"（图 37）。㉙

　　正间两柱上部浅浮雕的八仙，是牌坊上难得一见的人物题材。东面北柱刻张果老、吕洞宾（图 38），南柱刻何仙姑、蓝采和（图 39）；西面南柱刻钟离权、韩湘子（图 40），北柱刻曹国舅、铁拐李（图 41）。这些中国道教中的神仙，驾着祥云从天而降，寄托着人们对永生、长寿的梦想。㉚早在元曲中就有

图32 绣球花 图33 绣球花测绘图

庵上坊

图 34 那些四季花卉像手卷,这些竖幅的画面就像立轴

石匠的绝活儿

图 35 牡丹测绘图　　图 36 锦鸡玉兰寓意"金玉满堂"

图37 "蝠"即"福"　　　　图38 洞宾持起空中剑,张果老人知古道

图 39　采和一手把篮挑，仙姑如意立浮桥　　图 40　钟离宝扇自摇摇，湘子横吹一品箫

石匠的绝活儿

图41 国舅曹公双玉板,拐李葫芦万里烧　　图42 山东莱阳糕点店月饼贴中的"暗八仙"

《八仙庆寿》的剧目，在明清时期的民间艺术中，这些亦人亦神、亦庄亦谐的形象更是多见。人物外貌各不相同，但要辨认出他们各自的身份，主要不是依靠其面部特征，而是要看他们手中的各种法器。在有的作品中，这些人物甚至不亲自出场，艺术家只画出玉板、宝剑、荷花、渔鼓、洞箫、葫芦、花篮、芭蕉扇这些法宝，这样的画称作"暗八仙"（图42）。这些形象和道具，既是面向观者的智力测验，又包含了一种提示，引导着人们去讲述其背后各种奇妙的故事。

要分辨出八仙中每个人的身份，最简便的办法是借助于歌谣。如其中一首歌谣就包含了八仙的各种法宝：

> 钟离宝扇自摇摇，
> 拐李葫芦万里烧。
> 洞宾持起空中剑，
> 采和一手把篮挑。
> 张果老人知古道，
> 湘子横吹一品箫。
> 国舅曹公双玉板，
> 仙姑如意立浮桥。㉛

在这里，口头艺术成为认读图像最基本的知识背景。对于不熟悉这类歌谣的城里人来说，要一一指明八仙的身份，实在不是件容易的事。

在边柱的南北两个侧面，各有一幅浅浮雕的竹子。听一些读过书的人讲，北面的是"雨竹"（图43），南面的是"风竹"（图44）。但是，如果将这些画面归结为文人的好尚，则未免过于简单。乾隆十一年（1746年）至十八年（1753年），郑板桥在距离安丘不远的潍县（治所在今潍坊市潍城区）居官七年，这位以画竹闻名的画家，在当地民间有极高的声誉。由于他的影响，在这一地区，竹子已经成为人人喜爱的艺

图 43、44　在边柱的南北两个侧面，各有一幅浅浮雕的竹子。听一些读书人讲，北面的是"雨竹"，南面的是"风竹"

图 45　杨家埠清末民初年画《墨竹四条屏》之一

术题材。清末民初在潍县杨家埠生产的一套《墨竹四条屏》中，还有一幅标明"仿郑燮（郑板桥名）笔法"（图 45）。㉜

与那些高浮雕和透雕的画面不同，这些刻在立柱上的八仙、竹子，以及须弥座四面的云纹与蝙蝠均为浅浮雕，边柱东西两面雕刻的花卉、动物立体感也不很强。显然，那些高明的石匠并没有肆意滥用他们的技艺，在底座和立柱这类可以体现牌坊整体结构的地方，他们刻意约束了自己的才能。正因为如此，牌坊的整体形象才没有被华丽的雕刻所湮没。

值得一提的还有方鼓子各个侧面上雕刻的一些小幅风情画（图 46）。最富情趣的是其中表现耕、读、渔、樵的画面，如一位樵夫卸下担子临流濯足（图 47），㉝两位钓徒从渔舟走到岸上对月行令（图 48）。这些田园小景当然不是乡野村夫的梦境，因为只有那些有钱人才有资格去这般附庸陶渊明式的风雅。

牌坊上多数图像的构图形式十分接近中国传统绘画，横的像手卷，纵的像挂轴，小幅的如册页，仿佛从一位文人的书斋中转移过来。另一方面，花枝树叶又在努力挣脱"画"的控制，最大限度地追求立体感。特别是那些透雕的云龙，更是令人眼花缭乱。传说南朝梁时画家张僧繇因为点了龙的眼睛，雷电破壁，两龙腾云而去；㉞在唐代传奇中，屏风上的美人可以翩然而下，"悉于床前踏歌"；㉟清人笔下，被壁画中樱唇秋波所惑的书生，迷迷糊糊地走进了画里乾坤。㊱面对着这些雕刻，人们难免也会产生这类奇妙的联想，恍惚间，所见是栩栩如生的景象，稍定神，眼前又是最普通的青石。如此百幻并作，令人心动怦怦。㊲

庵上的村民们叹服石匠的技艺，他们认为顽石已被石匠的心智和双手所点化，可以被任意塑造：莲瓣薄如纸，菊瓣细过线，猴子真的像长满了轻软的绒毛，老象小象皮肤的粗细形成了鲜明对照。㊳村民们的眼光有时比石匠的錾痕更加精细，有人说，那位临流濯足的樵夫分明是在拔去扎在脚上的一根短刺。㊴如此这般，说不尽，道不完。据说，没人能确切知道雕刻中到底包含多少故事，也没人能数得清牌坊上有多少

图 46 小幅的画面像是从册页中抽取出来
（正间北柱东侧方鼓子南面）

图 47　这些画面描绘的当然不是乡野村夫的梦境　　图 48　月下对饮的钓徒
　　（正间南柱东侧方鼓子北面）　　　　　　　　　（正间南柱西侧方鼓子北面）

人物、花卉和飞禽走兽。[40]

　　数量的模糊，给人们无穷无尽的想象和述说留出了空间。至于那些岁月磨蚀和人为毁坏后的残缺，却又被描述得比眼前的图景更为精彩。由于石匠的冒险，许多采用高浮雕和透雕手法的图像，细部变得相当脆弱，一触即破。圆雕狮子的口部多已残坏，据说里面原有转动自如的石球。有位村民甚至说，其中一个石球是他小时候亲手敲掉的，那个石球里面还套有石球，数不清有多少层。[41]他言之凿凿，满脸的悔恨和自责，唯恐我们不相信他的话。

　　有人抬手一指，说，你看，在那朵荷花的右上方，原来有一莲蓬，莲蓬中的莲子是可以动的，但就是取不出来。这样的设计，比狮子口中的石球更为精妙。[42]又如那只捅蜂窝的猴子，残破得只剩下两条后肢。不止一个人告诉我们，在这个画面的树顶上，原来还挂有一个鸟笼，在那个已经失去的笼子中，曾有一只画眉鸟迎风鸣啭。[43]他们解释说，挂一个鸟笼，意思是"挂音"，也就是"挂印"。这样，和那些蜜蜂、猴

图49 不止一个人说,在这个画面的树上原来还挂有一个鸟笼,笼中有一只画眉鸟迎风鸣啭

子连起来,就是"挂印封侯"(图49,又见图30)。❹在这些绘声绘色的追忆与合情合理的解释中,李克勤、李克俭兄弟的眉眼呼之欲出。

可惜啊,这些好端端的画如今已是残缺不全了!

说到这里,讲述者低声叹惋,就像说到那位年轻、美丽而又不幸早逝的孀妇。

注释

石匠的绝活儿

❶
我们可以比较一下著名的庖丁解牛的故事。庖丁"手之所触,肩之所倚,足之所履,膝之所踦,砉然响然,奏刀騞然,莫不中音,合于《桑林》之舞,乃中《经首》之会",其出神入化、游刃有余的技艺令人惊叹。而他却并不太在意如何改进工具,十九年来所解数千牛的刀,依然"刀刃若新发于硎"。(见《庄子集解·庄子集解内篇补正》,页28~29。)

❷
见马炳烈致郑岩函。

❸
此说也见于马萧萧致郑学信函。工匠在施工中不浪费材料,既显示出其高超的技艺,又被视为一种美德。可以比较的例子是敦煌莫高窟藏经洞后唐长兴四年(933年)《河西都僧统宕泉建盒上梁文》(p.3302v)中对木匠李都料技艺的赞美:"凤楼更多巧妙,李都料绳墨难过,算截本无弃者,方圆结角藤萝……"(见马德1996:页121~123;马德1997:页69。)

❹
山东建筑工程学院姜波教授提示我们注意这一问题。

❺
城市的基本布局往往比土木结构的单体建筑具有更强的生命力,例如元大都的基本格局被明清北京城完全继承下来,并沿用至今,北京内城长安街以北一些东西向平行的胡同仍是元代旧街道(见赵正之1999)。与城市相比,村镇的规模较小,格局较易变更。近年来,由于当地经济的发展,庵上村的布局已经大大改变。

❻
见陈泽浦、张立德1990。

❼
关于马德远家老房子的资料,由安丘市博物馆刘冠军馆长、李景法先生、付万刚先生2006年11月、2007年3月调查并提供。

❽
见刘大可1993:页271。

❾
中国古代建筑曾使用设计图,一个较早的例子是河北平山县战国中山王陵一号墓内出土的金银嵌错铜版"兆域图",这是公元前3世纪初中山王、后陵园建筑的总平面图。(见河北省文物管理处1979:页23、24及图版捌。)北宋李诫《营造法式》以及清雍正十二年(1734年)钦定公布的《工部工程做法则例》,都以大量图样详细说明当时的官式建筑。当然,对于一些熟练的工匠来说,他们并不使用图纸。有时候,固定的规制、口诀会比那些图纸更有用。

❿
关于牌坊结构的各种术语,不见于官方的文字记载,但在工匠薪火传授的底本中偶有涉及。1933

43

年，刘敦桢将中国营造学社致力搜集所得和关祖章在该社寄存的此类材料进行了整理，编订为《牌楼算例》一书。该书内容涉及木、石、琉璃牌坊的结构、比例与工料估算，与清代《工部工程做法则例》体例相近；但其文字多有缺失错杂，"疑系匠工各记所知以备以往，或以传授学徒，非分门析类，为有系统之记载。但篇中所举尺度揆以现存实物，又能大体吻合，似其出处俱有所本"。（见刘敦桢 1933：页 39。）目前建筑学界对于牌坊分类与结构的描述，多沿用《牌楼算例》的说法。

❶❶ ----------------

以前所发表的各种数据，都比这个数据要大，一般称庵上坊高 15 米，如董传远 1989：页 77。

❶❷ ----------------

见刘大可 1993：页 302。

❶❸ ----------------

民间石作工匠传统上将圆雕称作"圆身"，刘大可根据对石匠们的采访，比较详细地叙述了圆身石狮子的雕刻程序，分为出坯子、凿荒、打糙、掏挖空当和打细等步骤。（见刘大可 1993：页 273。）

❶❹ ----------------

山东地区一个著名的例子是嘉祥东汉武氏墓地门阙旁边的一对石狮。（见蒋英炬、吴文祺 1995：页 142。）

❶❺ ----------------

见郑学信、贾德民、徐新华 1988：页 181。

❶❻ ----------------

《首楞严义疏注经》卷第一之二："即时如来从胸万字涌出宝光，前光从口，此光从胸者。前文从说显心，此文从心发见。万字者，表无漏性德。梵云阿悉底迦，此云有乐，即是吉祥胜德之相。有此相者，必受安乐。则天长寿二年，权制此字，安于天枢，其形如此。卍音为万字。佛胸前有此之形。然八种相中，此当第一，谓吉祥万德之所集也。"（见《大正藏》第 39 册，经疏部七，据《CBETA 电子佛典集成》。）

❶❼ ----------------

斗栱是一种悬挑结构。早期斗栱的功能有二：一是补充柱子高度的局限，增加室内的空间；二是可以将檐部挑出，或在室内起到缩短梁枋跨度的作用。但明清时期的斗栱在结构上多无实际意义，而装饰作用更为突出。

❶❽ ----------------

见浙江省文物考古研究所 2003：上册，页 21~22。

❶❾ ----------------

巫鸿谈到河北满城西汉刘胜墓中的一个细节：该墓后室的棺室是一座石结构的房屋，"建造这间石室的人显然是木匠，他们对各种木工活儿很熟悉，对石工的技术却知之甚少。在建造这个石室时，他们先把石材切割打磨成又薄又窄的石板，就像一块块木板一样"。（见巫鸿 2005：上册，页 134。）

❷⓪
在设计方案确定后,各个构件的制作可能由多名工匠同时开工,因此我们很难按照制作的时间顺序来依次描述牌坊上装饰的各种图像。不过,对于后来的观者来说,所看到的是建成后的牌坊,所以从观者的角度来介绍这些雕刻也未尝不可。

❷①
按照清代宫廷的规定,帝后群臣的服装纹饰有严格的等级规定,如《大清会典》规定,皇帝、皇太后、皇后、皇贵妃的朝服,皆以龙为章。贵妃、妃、嫔、皇子、亲王、亲王世子、郡王及皇子福晋、亲王福晋、亲王世子福晋、郡王福晋、固伦公主、和硕公主、郡主、县主的朝服以五爪蟒纹为章。这种五爪的蟒纹形式上虽与龙无异,但由于穿戴者的身份不同,其称呼不同。皇孙福晋、皇曾孙福晋、皇元孙福晋、贝勒以下至文武七品官,以及贝勒夫人以下至七品命妇和郡君以下至乡君的朝服,皆以四爪蟒为章。这些蟒形态似龙,但少一爪。蟒还分为正蟒、行蟒,并以其数量区别贵贱。相关研究见宗凤英 2004:页 46。

❷②
见金其桢 2002:页 40。

❷③
见刘大可 1993:页 273。

❷④
此处对于"透活儿"工序的描述,取自刘大可 1993:页 272~273。

❷⑤
浮雕传统上被称为"凿活儿"。(见刘大可 1993:页 272。)

❷⑥
四季题材的绘画可以追溯到唐天复年间刁光胤在成都大慈寺承天院内窗边小壁四堵上画四时花鸟。(见《图画见闻志》:页 34。)考古发现的较早一例四季山水图出现在内蒙古巴林右旗索博力嘎(白塔子)北辽圣宗耶律隆绪和仁德皇后、钦爱皇后的永庆陵中室,论者认为与四季捺钵制度有关(见张鹏 2005:页 131~135)。值得注意的是,这四幅山水绘制在墓室的四壁,彼此构成了一种三维的结构,空间概念和时间概念合为一体,正可表现时间的循环往复,这与刁光胤的做法十分一致。

❷⑦
在绘画中利用谐音来表达寓意的做法至迟在汉代就已出现,如在铜器内底铸出一只羊,表示"祥",有的还有"大吉羊"的铭文,即"大吉祥"。(见《金石索》:上,页 333~337、339、340。)时代较早的另一个例子见于《南史》卷五十五《吉士瞻传》:"始士瞻梦得一积鹿皮,从而数之,有十一领。及觉喜曰:'鹿者禄也,吾当居十一禄乎?'"(见《南史》,页 1363~1364。)又,《太平广记》引《祥验集》:"唐宝历二年(826 年)春,范阳节度使朱克融猎鹿,鹿胆中得珠。……或问麻安石曰:'是何祥也?'安石曰:'……鹿胆得珠,克融以为己瑞,鹿

者禄也，鹿死是禄尽也。……'"（见《太平广记》，页1034。）宋代丝绸图案中有所谓的"天下乐"，又称"灯笼锦"，其主体图案是一盏灯笼，灯笼上挂有谷穗，四周有飞舞的蜜蜂，这些物象根据谐音组成吉祥语"五谷丰登"。尚刚指出，根据文献的证据，"天下乐"早在五代已出现，宋代以后颇为流行。他认为，中国连续的吉祥图案传统是由"天下乐"开始的。（见尚刚2007：页241。）

❷❽ ──────────────
明清装饰艺术中很少有对绣球花如此写实的描绘，而常见变形的、图案化的纹样。这些纹样多为四方连续的形式，有多个圆形两两交叠，每个圆形的中心又有花芯，又称为绣球锦。中央美术学院研究民间美术的专家李振球教授为回答我们的求教，撰成《"绣球纹"考》一文。据李先生研究，绣球纹多具有吉祥寓意。因为民间有抛绣球的风俗，所以绣球常被解释为女性的符号；绣球在横向与纵向连续组合的绣球锦中，又寓意生命不断，子孙繁衍；此外，因为绣球纹常与金钱纹相似，又可能引申为财富的象征。（见李振球2006。）

❷❾ ──────────────
蝙蝠自魏晋以来被认为是服之使人长寿，甚至可以成仙的动物，相关文献材料见《太平御览》卷九四六所集《抱朴子》《玄中记》《水经》《古今注》等书的记载。（见《太平御览》，页551。）"蝠"谐"福"音是较晚近的观念。

❸⓪ ──────────────
关于"八仙"的研究，见山曼2003；白化文2005。

❸❶ ──────────────
见山曼2003：页107。

❸❷ ──────────────
见冯骥才2005：页194。

❸❸ ──────────────
这一解释承蒙韩宗祥先生指教。

❸❹ ──────────────
见《历代名画记》，页148。

❸❺ ──────────────
唐·段成式《酉阳杂俎》前集卷十四，见上海古籍出版社2000：上册，页662。

❸❻ ──────────────
见《聊斋志异》，页5~7。

❸❼ ──────────────
关于绘画乱真夺真的研究，见钱锺书1979：第二册，页712~716。

❸❽ ──────────────
见马萧萧1964：页108~115。

㊴
有关文字见于郑学信、贾德民、徐新华 1988：页182。

㊵
如此故意模糊图像中物事的数量，似乎是民间称赞一些杰出作品时普遍运用的修辞方式，如"卢沟桥的狮子——数不清"即属此端。

㊶
明人曹昭《格古要论》卷六提到牙雕"鬼功毬"，传为宋内院所作，即属此类作品。"鬼功"或作"鬼工"。至乾隆年间，内廷称此类工艺为"仙工"，是南派牙雕最擅长的绝技。有关研究见嵇若昕 2007。

㊷
此说也见于马萧萧致郑学信函。

㊸
这一说法也见于文字，详董传远 1989：页80；郑学信、贾德民、徐新华 1988：页183。

㊹
在陕西大荔县八鱼村清同治四年（1865年）李怀珍墓出土的挂印封侯刻石中，除猴子、蜂窝等元素与庵上坊相同外，还刻出一枚悬挂在树上的玺印，这可能是该题材更为典型的一种形式。（见陕西省考古研究所 2003：页154 图147、页287 图108。）

第三章 谁的牌坊？

王氏在哪里？

当我们迷醉在石匠绚烂华美的作品中时，故事的女主人公却已悄然离开，除了牌坊上"马若愚妻王氏"这几个字，除了"节动天褒""贞顺留芳"这些高调而又空洞的赞语，那场灰暗的雨，王氏多年的清冷，又到哪里去寻找？

在牌坊上，不管是腾跃的蟒，还是盛开的花，几乎所有图像都传达出一种富贵喜庆的气氛。从这种气氛来看，这座牌坊似乎是为其他一些目的而建的，比如祈求长寿与富足，标榜高贵与斯文。无论文字还是图像，都没有具体表现王氏的生平，我们很难从中寻觅到王氏的影子。中国人有很多办法来表现一个人的生平与事功，例如正史中的"列传"，石头上的碑文、墓志铭，以及形形色色的《孝子图》《圣迹图》，唯独在这座牌坊上，我们看不到、读不到王氏的故事。

无论是大家闺秀的绣楼、书房、花园，还是普通农妇的灶间、蚕房，女人的处所哪一种不是私密的、阴柔的空间？❶牌坊作为一种敞亮、通透、外向性、公共性的建筑，如何能与妇女的形象联系在一起？

这到底是谁的牌坊？

要弄清这个问题，我们有必要暂时离开庵上，扩大视野，重新检视一下牌坊这种特殊建筑所走过的路程。

在一部厚厚的中国建筑史中，牌坊属于"小品"。从材料来说，有石、木、琉璃、砖等多种，也有不同材料混合使用者。从形制看则有柱出头与不出头两大类。因为牌坊顶部多有飞檐、斗栱和各种装饰，所以也被称为"牌楼"。刘敦桢指出，牌坊的起源与发展，"尤疑与'坊'之一字关系最切。考古代民居所聚曰里，里门曰闾，士有嘉德懿行，特旨旌表，榜于门上者，谓之'表闾'。魏晋以降或云坊，其义实一"❷。按照这种思路，牌坊的起源至少可以与中古时期城市里坊制形成与发展的历史联系起来。❸最早出现里坊的城市可能是曹魏早期都城邺（今河北临漳）。❹里坊制在北魏的洛阳城等都城中得到进一步发展，"庙社宫室府曹以外，方三百步为一里，里开四门，门置里正二人，吏四人，门士八人"❺。里坊制便于对城市中的居民进行管理，以维持治安。到隋唐时期，里坊制发展到顶峰，唐代首都长安城的规划（在隋代称大兴城）便是里坊制最典型的代表（图 50）。❻

长安城是当时世界上规模最大的城市。在这座经过周密规划而建成的大都会中，南北十一条街和东西十四条街纵横交错，每一个方格即为一个里坊（隋时称"里"，唐时称"坊"），白居易"百千家似围棋局，十二街如种菜畦"的诗句便是对这种格局的形象描绘。❼唐长安城共有一百零九个坊，每个坊都有围墙。皇城以南的三十六个坊面积较小，只开东西二门。皇城两侧的坊则是四面开门，坊内有连通四门的十字大街。❽在敦煌第八十五窟晚唐壁画中，根据《华严经》所描绘的"莲华藏世界"就是包藏在一朵由香水海里生出的大莲花中的城池，由此我们大致可以看到唐代城市里坊

图 50 隋大兴、唐长安城布局复原图

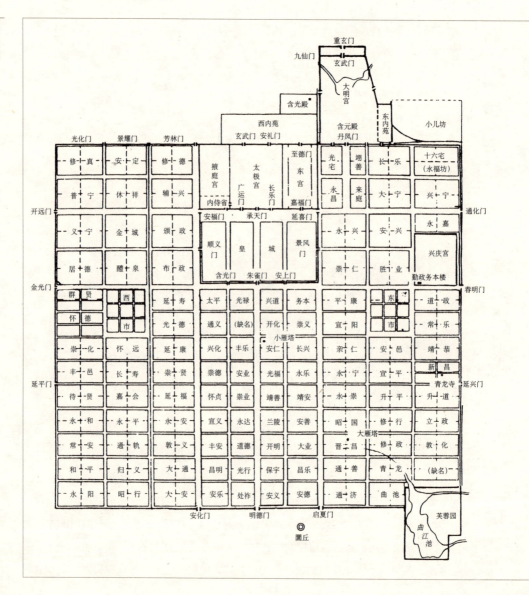

的立体形象（图51）。❾虽然画中只是在每个坊简略地画出一到两个坊门，但是，毫无疑问，这些坊门已经成为里坊中十分醒目的建筑个体。

坊门每天由"坊正"负责朝启暮闭，以鼓声为准。坊门既是人们出入里坊的通道，又是公众的视觉焦点。白天，坊门前车水马龙，官府和私人的文告经常张贴在坊门上，如白居易《失婢》诗中即有"宅院小墙庳，坊门帖牓迟"之句。❿里坊中除了居住着一般市民，还有许多高官贵胄的府第或寺院，这些高门大户和寺院占据着最好的地段，或靠近官署和市场，或与风景区比邻。⓫唐人常常以里坊的名字指称人物，如"新昌杨相国""修行杨家""靖恭诸杨"，甚至直接以"亲仁""升道"来代表在这些里坊中居住的郭子仪、郑畋。⓬

坊的名字直接与人的身份相关，而从后世的图像材料来看，里坊的名称很可能就写在坊门上，因此，坊门就成了官僚贵戚虚饰卖弄、自我夸耀的招牌。这种"门面"的外观相当重要，需细加装点。敦煌第八十五窟壁画中的坊门有屋宇，与北宋宋敏求《长安志》卷首《一坊之制》中所画的坊门一致（图52）。此后坊门的设计很大程度上融入了一种有分寸的炫耀性风格，华表和阙等建筑的特征就被吸收进来，例如，乌头门就是将一对装饰性的柱子运用到了门的设计中（图53）。⓭像宋代的棂星门一样，在中古时期，只有某些特定等级的家族或机构才能修建乌头门。坊门顶部的屋宇可能来自阙，⓮在宋《平江府图碑》中，⓯坊门既有冲天的柱头，又有顶部的屋宇，与明清时期牌坊的形制没有太大的区别（图54）。在屋宇出现的同时，斗栱等构件也可能被大量采纳到坊门的装饰中。⓰新的设计元素使坊门平添了许多庄严感，更为引人注目，也为它背后的里坊增添了光彩。

从9世纪开始，城市内流动人口的大量增加和商业活动的日益繁荣瓦解了里坊制。10—11世纪，里坊的围墙被彻底摧毁，只有坊门孤零零地立在原地。《平江府图碑》中的坊门上书写坊名，或许延续了唐代的传统，但也只是留下个名称而已，其两侧的围墙和背后的建筑，都已荡然无存。这些坊门不再是聚落单元中的一个部件，而有了更为独立的身架。虽然其主体结构没有变化，但柱间的门扉失去了意义，以至于

图 51 敦煌晚唐壁画所见里坊

庵上坊

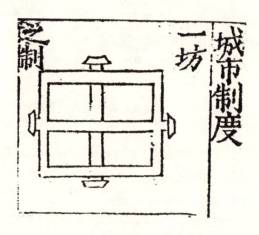

图 52 明嘉靖本《长安志图》所见坊制

图 53　宋《营造法式》中的乌头门

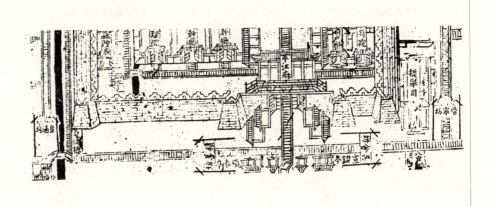

图 54　《平江府图碑》局部

被彻底省略。这样，一座矗立在道路间的牌坊，只是一个短暂的停顿，而不是对空间绝对的分割，人们可以更简便地穿行其下，也可以绕行于两侧，可以仰视，也可以围观。

如此一来，牌坊的原始功能和属性就被大大地改变了。牌坊有梁、柱、屋宇、斗栱，具备了宫殿建筑的多项基本要素，但它却没有遮风挡雨的功能；牌坊像一扇门，却没有了门扉。所有建筑的构件，实际上都已经变成一种视觉形象。因此，与其将牌坊看作一种建筑，倒不如看作一尊雕塑，一种中国形式的纪念碑。至于其中的建筑元素，只是其身世的证明。它不再凭借坚实的围墙与其背后的主人相联系，而是依靠着非凡的建筑气派、醒目的文字、华美的装饰，牵连着那些特定的人物和事件。

在明清时期，牌坊的修建由朝廷统一支配和管理。明洪武二十一年（1388年），太祖降旨修建状元坊以表彰廷试选出的状元，开创了由朝廷批准修建牌坊的先例。[17]至此，这种特殊的建筑形式便和帝王的恩宠联系在一起，拥有一座牌坊，也就拥有了至高无上的荣光。在清代画家吴友如的笔下，我们可以看到一座受到皇帝恩准的牌坊正在建造时的情景（图55）。[18]而在山东潍坊杨家埠木版年画《状元游街》图中，一位春风得意的状元郎正要从一座高悬着圣旨的状元坊下穿过（图56）。[19]

除了那些科举考试中的成功者，贞女节妇也可以获准立牌坊。并不是所有的人都能成就惊天动地的"义举"，也不是每个家族都能培养出学问出众同时又有足够运气的读书郎，但是男人的死亡并不罕见，因此贞女节妇也就不难寻找。由政府出面旌表贞节的做法开始于汉代，[20]这种传统被后世所继承。[21]元大德八年（1304年），政府旌表节妇，根据规定，"诸义夫、节妇、孝子、顺孙，其节行卓异，应旌表者，从所属有司举之，监察御史廉访司察之"。[22]推行这样的制度，无疑宣示着这个非汉族的政权继承了儒家治国的政策。

到了明代，"巡方督学岁上其事。大者赐祠祀，次亦树坊表，乌头绰楔，照耀井间……其著于实录及郡邑志者，不下万余人，虽间有以文艺显，要之节烈为多"。[23]

图55　一座正在施工的木结构牌坊

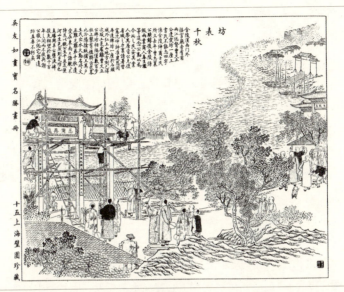

谁的牌坊？

图56　杨家埠清代年画《状元游街》

清代由礼部掌管旌表孝妇、孝女、烈妇、烈女、守节、殉节、未婚守节,在一般的年份中,"岁会而上,都数千人"㉔。康熙六年(1667年)旌表节妇的规定与元、明两代大致相同,寡妇守节二十年者,即可得到旌表。雍正元年(1723年)又规定,守节超过四十岁而未到五十岁去世者、守节十五年以上者,也可得到旌表;道光四年(1824年)又改为守节十年去世者,可予旌表,同治七年(1868年)进一步把这一年限缩短为六年。㉕

值得注意的是,在明代,各地的牌坊以颂扬当地在科举考试或仕途上成就卓越的人为多,但是到了清代,特别是自18世纪开始,旌表的焦点转向了节妇贞女。根据《吴县志》载,明时吴县(今江苏苏州)境内共有牌坊一百二十三座,其中科举高官的占九十九座;到了清代,吴县拥有一百一十三座牌坊,其中节孝坊多达九十七座。《镇海县志》的统计同样有趣,浙江镇海县五十座明代牌坊中,高官、科举的占三十四座;与之相比,四十九座清代牌坊中除"孝子坊""乐善好施坊"外,其余四十七座全为贞女节妇坊。㉖牌坊表彰重心移向贞节烈女,固然和中央的政策有关,同时也可能与官方控制削弱,地方豪族势力膨胀的背景相联系,而这些地方豪强正需要来自朝廷的褒扬以彰显其实力。

我们无法详细了解安丘在明清两代所立牌坊的具体情况,但各种版本的县志中所见节妇贞女数量的确在不断增加。㉗在万历十七年(1589年)马文炜主修的《安丘县志》中,烈女节妇被朝廷"旌门"是一县的大事,均记入卷一的"总纪"中,其中有烈女宁氏、游豹妻李氏、都一贯妻王氏、赵东周妻张氏、黄守纪妻高氏、李学颜妻侯氏和马大壮妻李氏等,卷二十六"列女传"又详细地介绍了其中一些人的事迹。在康熙二年(1663年)王训编修的《续安丘县志》中,节妇贞女受朝廷旌表之事,仍依例列入"总纪",但其"列女传"所收万历十七年(1589年)至顺治十八年(1661年)之间的节妇贞女人数已达五十人,而旌表的方式也从下诏建坊、"按院具题,奉旨旌表""诏旌其闾""有司表其门",发展到"申府旌表"、知县"亲拜其门,表曰节烈""树碑""扁门""入库序""邑人为立石表墓""里人为立异室同穴之碑"

等五花八门的形式。到了1914年印行的马世珍、张柏恒《安邱新志》(记康熙十六年 [1677年] 至道光二十二年 [1842年] 事), "列女采访过多, 即请旌表者, 已不可胜书, 不得已, 分类书之"。❷ 有的研究者提醒我们注意, 晚明以来方志中贞节烈女事迹的增多只是问题的一个方面, 与此同时, 市井中出现了大量专叙床第之事的色情小说, 说明当时世风变化, 男女关系正在逐渐松弛。正因为贞女节妇太少, 统治者才会大力提倡。❷

一座牌坊的建立, 需要多个前提条件: 其一, 要有合法的借口; 其二, 要得到皇帝的恩准; 其三, 要有足够的钱财。节妇贞女自然可以当作建造牌坊的借口, 然而, 尽管文化传统、政府政策和社会舆论一再鼓励妇女守节, 但是, 做一名节妇却不是件容易的事, 除了超凡的忍耐, 孀妇还要面临种种的困境。首要问题便是经济的困扰。对于那些收入一般的家庭来说, 妇女在丈夫死后, 就失去了经济上的顶梁柱, 这时, 即使孀妇有守节的念头, 也不具备守节的条件。而婆家往往也希望通过孀妇的改嫁而得到一笔财礼, 以摆脱眼前的困境。道德观念和实际生活的矛盾还会导致行为上的冲突。❸ 对于婆家来说, 在分家以前, 孀妇是他们的负担, 而分家后, 孀妇的财产又会成为家庭内部其他人觊觎的目标。❸ 孀妇也会成为其他男子求婚的对象, 在有的贫困地区, 甚至存在抢孀的恶习。❸ 这些来自家庭内部和外部的压力, 使得守节不再是一种纯粹的精神追求, 而是一种艰难的命运抗争。但是, 如果一个家庭有足够的钱财, 这其中的许多问题就会得以化解。一旦这个家庭出现了一位长年守节的节妇, 就可以反过来证明这个家庭既有钱又和睦。

除了经济问题, 守节有时还需要其他的"资格"。在乾隆五十年八月三日(1785年9月6日)刑科题本婚姻奸情类档案中有一个案例, 反映了当事人对于守节资格的看法。据河南河内县三十三岁的村民靳孟山供述, 一天, 靳路遇一位叫胡宗顺的熟人, 胡要替靳在家守节的婶子说媒, 改嫁丧妻的李良福。靳声称自己的婶子甘愿守节。胡宗顺说, 你们这样的人家, 守什么节? 靳认为胡恶语欺人, 彼此争吵起来, 靳以随身携带的刀子将胡杀死。❸ 在这个案例中, 靳认为胡出言不逊, 并不只是因为靳家的贫穷，而是认为其家风、名声、地位与节妇的荣誉不能相配。可见，一位闻名乡里的节妇，自然也是其门风和名望的"人证"。

当节妇以极大的毅力摆平各种矛盾，在家族内部获得了一致的认可后，其事迹要由乡邻、族长、地方官，或当地的"仁人君子"以及在外地做官的同乡出面上报，再由督抚与学臣共同核实，最后由礼部题请旌表。这种上报过程极其漫长和繁琐，❹需要时时面对各级官僚的傲慢与贪婪。这期间，银子是少不了要花费的，安丘《秦氏族约》则规定："一族中有忠孝节义无力请旌者，皆以公费为之。"❺所谓公费，即家族内部所筹集的钱款。安徽歙县徽州盐商一份筹建牌坊的资料，清楚地说明了这类钱款的去向：

　　由学备文移县转府申详藩宪及院宪，共额费元银五拾五两
　　　内老师计额元拾贰两
　　　学胥计元八两
　　　县礼房额元六两
　　　府礼房额元四两
　　　布政司房额元七两
　　　院房额元拾八两
　　　倘由部报饬县印结，约额费元拾两之间
　　　系老师处约在八两
　　　县、府礼房各一两
　　　藩、院房无额费，县、府礼房均可承办❻

在这份账单中，打点从县学到院房各级衙门的费用多达五十五两银子。

并不是所有节妇的事迹都能呈达到朝廷，许多家族为了鼓励孀妇守节，族规中规定族长有申请建坊的义务，但同时也补充说，如果无法与朝廷建立联系，则退而求其

次，只将其事迹记入家谱。㊲因此，申请建坊的过程，也是对一个家庭财力和社会活动能力的考验。

每年上呈到朝廷的烈女节妇多达数千人，被批准建坊的可能只是其中一部分。影响选择的因素很多，如"妻以夫贵，母以子荣"就是其中一个重要的原则。除了家族的影响力外，节妇贞女们的事迹是否富有戏剧性也相当重要，考虑到这种旌表手段的宣传作用，那种最为离奇煽情的故事最容易被选中。㊳如乾隆四十八年四月十日（1783年5月10日）的刑科题本婚姻奸情类档案中有一条说，江西庐江县汪朝献的妻子王氏在与一位男子交谈时，被对方趁机捏了一下手，汪王氏因羞愤而自缢。会审的官员认为，汪王氏捐躯明志，节烈可嘉，于是被批准建坊。㊴在这个今天看来至多属于性骚扰的案件中，汪王氏因为以死相抗，使得事件极富感染力，这样的案例自然更会得到社会的关注。这种选择也容易产生一些负面影响，节妇们会以这些被旌表的人为榜样，模仿那些惨烈却不再具有任何创意的行动，例如，在各种文献中，节妇尝粪、割肉、毁容、断指、挖目等惨剧会一再上演，而向壁虚构、瞒天过海的勾当也自然不可避免。

在大部分情况下，这些民间的琐事是无须皇帝逐一御览的，因此，高悬在每一座牌坊上的圣旨，其实是以皇帝的名义由礼部"批发"的。按照清朝的规定，获准建坊后，要拨发三十两"建坊银"，由其家族出面组织修建。㊵拨发三十两银子是一个通例，如中举者的建坊银也是三十两。对于建造一座牌坊来说，这点钱显然只是一种象征，远不及前面所列的打点各级官员的费用。于是有的中举仕子干脆拿这笔钱去孝敬主考官，而不是建牌坊。㊶面对这样尴尬的局面，雍正皇帝想出了一个折中的办法，他命令"地方公所设立祠宇，将前后忠孝节义之人，俱标姓氏于其中，已故者则设牌位于祠中祭祀，用以阐幽光而垂永久"。㊷

这道谕旨显然也在山东起了作用，嘉庆《山东通志》记：

> 经礼部议覆行，令直省州县分别男女，每处各建二祠，一为忠义孝悌祠，建

学宫内，祠门内立石碑，将前后忠义孝悌之人刊刻姓氏于其上，已故者设立牌位；一为节孝祠，另择地营建，祠门外建大坊一座，将前后节孝妇女标题姓氏于其上，已故者设立牌位。每岁春秋二次致祭，祭品同名宦、乡贤二祠。❸

道光二十二年（1842年），在安丘城东门里为"贫苦节烈无力请旌者，合建一坊于节孝祠东旷"❹，名曰"节烈合坊"，"共四百余名贫苦节烈咸得旌表"❺。这种牌坊的钱财似乎要由多方筹集，在安丘节烈合坊的建造中，身董其事的官员需要"出资任劳"❻。最令人惊异的是安徽歙县徽城光绪年间的一座牌坊，其额枋上镌有"徽州府属孝贞节烈六万五千零七十八名口"等大字，应是旌表人数最多的牌坊。❼这座由地方官出资兴建的牌坊用砖砌成，也是最为寒酸的一例。

只有那些拥有足够财产的人家，才有能力建造属于自己家的牌坊。在《点石斋画报》中，我们可以看到一个家庭实现了最后的梦想（图57）。❽迎接"钦旌孝行"匾的队伍刚刚到达该家的门前，其后盖扇联翩，鼓乐齐鸣，引来乡里百姓羡慕的目光。画家似乎故意将在不同时间发生的事件画在同一幅画中，在迎匾队伍到达的同时，一座四柱出头式的牌坊已经建成，牌坊上悬挂着写有"圣旨"二字的龙凤牌和"万古贞珉"四个大字的横匾。无论"钦旌孝行"，还是"万古贞珉"，都切中表彰节妇的主题，也许就像庵上坊的"节动天褒""贞顺留芳"那样，它们本来就是同一块匾的两个面。

在建造牌坊的各个环节中，家族的钱财和势力是一个贯穿始终的因素。许多高门大户缺乏在科举或仕途上成功的才能，却有足够的财力让孀妇继续留在家族中，并以她的名义向朝廷申请立坊旌表。也正因为如此，这些富家大户才有可能通过修建牌坊来炫耀他们在当地的显赫地位，而那个可怜的节妇不过是一个幌子而已。修建牌坊的真实动机是为整个家族涂脂抹粉，而不是给那位苦命的女子树碑立传。❾清人俞正燮（1775—1840）《癸巳类稿》中收录的一首诗对此言之甚明：

图 57 修建牌坊的真实动机是为整个家族涂脂抹粉,而不是给那位苦命的女子树碑立传

闽风生女半不举,长大期之作烈女。
婿死无端女亦亡,鸩酒在尊绳在梁。
女儿贪生奈逼迫,断肠幽怨填胸臆。
族人欢笑女儿死,请旌藉以传姓氏。
三丈华表朝树门,夜闻新鬼求返魂。㊾

说到这里,我们或可明白庵上马家牌坊所潜含的中心意旨到底是什么。高悬在正

楼上的"圣旨"只代表一种批发出的皇恩,而没有具体的内容。假如下面"节动天褒""贞顺留芳"有可能是圣旨"正文"的话,充其量也只是一种套话,可以用在任何一名节妇身上。其实,要向地方官府和乡里百姓明确宣告马家势力通天,只"圣旨"两字便足矣。既然如此,又有什么必要将王氏的事迹一五一十地刻在牌坊上呢?

这时,一座贞节牌坊就不再是一位妇女的传记,也不是她个人的纪念碑,而是炫耀家族势力的舞台。就像我们在《点石斋画报》看到的《孝妇旌门》一图(见图57),如果不去仔细阅读作者在这幅画旁边题写的长篇文字,我们就无法得知这座牌坊所要旌表的节妇的事迹,人们眼里所看到的,只有这个家族的荣耀。

对于王氏来说,她在牌坊上缺席的遗憾已被表面精巧的装饰所遮蔽,那些纷繁的图画吸引了公众的目光,但同时又将个人的私密深深隐藏起来,这一戏剧性的差异恰恰是牌坊耐人寻味的地方。然而,牌坊的存在就是为了"纪念",所以它还是断然指向了一个不曾言说的故事。牌坊醒目地矗立在公共广场或通衢大道上,对于其背后的故事来说,它本身就是一位永久的提示者。这个故事没有像《点石斋画报》上那样被记载在牌坊的旁边,而是躲藏在沉重而神秘的帷幕后面;另一方面,一些新故事又被不断编织出来,坚硬而沉默的青石反倒成了停泊这些新故事的港湾。

❶
关于中国民居的社会意义，特别是与性别的关系的研究，见白馥兰 2006：页 40~136。

❷
1933 年，刘敦桢为《牌楼算例》所写的"绪言"是从建筑史角度对牌坊进行研究的开创性成果（见刘敦桢 1933：页 39~47），近年来对牌坊历史的一些研究（如楼庆西 1993：页 1~41；金其桢 2002），基本上沿袭了刘文的主要观点。

❸
关于里坊制较全面的讨论，见齐东方 2003。

❹
东汉建安九年（204 年），曹操于官渡（今河南中牟境）大破袁绍，攻克邺城。黄初元年（220 年）曹丕称帝建魏，以邺城为都，史称邺北城。邺城被曹军攻占后，几成废墟，所以魏有条件重新规划全城的布局。新的规划将一般官员和居民所居住的里坊区扩大，占城内南半部及东北角近全城二分之一的面积。这一设计是中国古代封闭式里坊制城市之先声。至于这些里坊的布局是否整齐划一，目前还没有相关的考古材料来证明。关于邺北城考古工作的报道，见中国社会科学院考古研究所、河北省文物研究所邺城考古工作队 1990。

❺
见范祥雍 1978：页 349。

❻
见宿白 1978。

❼
《登观音台望(一作贤)城》，见《全唐诗》，页 5041。

❽
杨鸿年比较系统地收集了有关坊门的文献，见杨鸿年 2005：页 237~249。

❾
萧默认为虽然牌坊是里坊制的遗迹，但与坊门没有关系，其位置应在交叉路口跨街而立（萧默 1989：页 147~148）。我们认为这种跨街而立的牌坊，应是后来出现的，如宋《平江府图碑》（见图 54）中所见，即是其证。

❿
见《全唐诗》，页 5071。

⓫
见杨鸿年 2005：页 277~301。

⓬
见朱玉麒 2003：页 97。

⓭
乌头门最早的形象见于敦煌四三一窟初唐壁画中，见萧默 1989：页 182。

⑭

见金其桢 2002；页 19～22。

⑮

平江即今江苏苏州。1933年，刘敦桢在国立北平图书馆见到《平江府图碑》的拓片，并在所编订的《牌楼算例》文末附记拓片中所见的牌坊形象（刘敦桢 1933；页 81）。全碑的摹本，见刘敦桢 1984；页 181。

⑯

这时期的斗栱和房檐并不总是功能性的构件，有时也体现为一种视觉形象。如有些辽宋金元墓葬中，就大量采用斗栱和房檐作为装饰，表现出建筑的外部形象，而墓葬的结构与壁画的内容，却多表现室内的环境。这些斗栱和房檐的使用，与建筑的结构无关，而反映出人们对于这些部件华美的视觉效果的喜爱。此外，这些部件也成为墓主幻想的高堂华屋的替代品，成为财富的象征。同样，在牌坊上的屋宇和斗栱也不具有结构的功能，而是一种视觉形象，或者同时反映了某些与等级、身份相关的观念。

⑰

明·朱国祯：《涌幢小品》卷七 "题石建坊" 条："任亨泰，襄阳人，父杜林，从外家姓。洪武二十一年廷试，太祖高皇帝亲擢第一，官修撰。复命题名于石，建坊干门，宠异之。此建坊之始，要知各进士通行矣。" 见《涌幢小品》，页 142。

⑱

见《吴友如画宝》下之《古今名胜图说》十五上。

⑲

见《潍坊杨家埠年画全集》编委会 1996；页 123。

⑳

东汉安帝元初六年（119年）诏曰："其赐人尤贫困、孤弱、单独谷，人三斛；贞妇有节义十斛，甄表门闾，旌显厥行。"（见《后汉书》，页 229～230）汉代的儒学家将 "夫妇之义" 列为 "三纲" 之一，并将其与天道和社会秩序联系为一个整体，如董仲舒说："君臣、父子、夫妇之义，皆取诸阴阳之道。君为阳，臣为阴；父为阳，子为阴；夫为阳，妻为阴……王道之三纲，可求于天。"（见《春秋繁露义证》，页 350～351。）这就为妇女的守节寻找到了足够的理论依据。

㉑

关于旌表贞节历史的研究，见常建华 2006；页 110。

㉒

见《元史》，页 2621。

㉓

见《明史》，页 7690。

㉔

见《清史稿》，页 14020。关于清朝国家旌表妇女政策的论述,见冯尔康 2005:页 93~100;曼素恩 2005:页 26~29。

❷⁵
见常建华 2006:页 110。

❷⁶
见陶德坚:1993。

❷⁷
这样的情况不独安丘存在,根据董家遵对《古今图书集成》所收材料的统计,明代的节妇人数有两万七千一百四十一人,而清代到康熙年间即有节妇九千四百八十二人。(见董家遵 1995,转引自常建华 2006:页 112。)

❷⁸
见马世珍、张柏恒 1998:"凡例"。

❷⁹
见葛剑雄、周筱赟 2002:页 112。

❸⁰
见王跃生 2003:页 232~234。

❸¹
同上,页 235。

❸²
同上,页 236。

❸³
转引自王跃生 2003:页 237。

❸⁴
以明万历十七年(1589 年)马文炜主修的《安丘县志》中的材料为例,寡妇死后被朝廷旌表最快的是两年,如游豹妻李氏于嘉靖十二年(1533 年)死,到嘉靖十四年(1535 年)春得以旌门(卷二十六"列女传",页 37)。而都一贯妻王氏则"后七年旌"(卷二十六"列女传",页 38)。黄守纪妻高氏隆庆三年(1569 年)死,到万历八年(1580 年)才得以旌表(卷二十六"列女传",页 39),相隔十一年。最长的是隆庆二年(1568 年)死去的马大壮妻李氏(卷二十六"列女传",页 39),在万历十五年十二月(1587 年 12 月 29 日~1588 年 1 月 27 日)才奉诏旌门(卷一"总纪",页 20),前后相隔约二十年。

❸⁵
见马世珍、张柏恒 1998:卷十一"艺文考"。

❸⁶
见王振忠 1999:页 108。

❸⁷
如无锡邹氏规定:"凡妇女有守节自誓者,为宗长当白诸有司,旌表其节,庶可以励薄俗;有司未行,即当备入于谱表立传,以载家乘外篇。"又,浙江余姚徐氏宗范中规定:"宗妇不幸少年丧夫,清苦自持,节行凛然,终身无玷者,族长务要会众呈报司府,以闻于朝,旌表其节。或势有不能,亦当征聘

㊳ 这种情况在明代已经十分明显,《明史·列女传一》:"盖挽(晚)近之情,忽庸行而尚奇激,国制所褒,志乘所录,与夫里巷所称道,流欲所震骇,胥以至奇至苦为难能。"见页7689。

㊴ 转引自王跃生2003:页237。

㊵ 赵翼《陔余丛考》卷二十七"旌门法式"条:"今制:应旌表者,官给银三十两,听其家自建其坊。制或设于门,或别建他所,或四柱,或二柱,其上亦有用乌头者,盖合唐、宋、五代之制而参用之。"(见《陔余丛考》:页541。)

㊶ 《钦定大清会典则例》卷三十六载雍正皇帝谕旨:"朕闻远省中式举人有应领之建坊银,每见主考长途跋涉,即以恩赏之项,行其束修之敬。而识见浅小之考官,亦遂收纳不辞。此风行之已久。今若追溯从前,一一清厘,徒滋案牍之繁,未免扰累,究于举子无补。着从宽,免其察究。嗣后考官各宜恪遵功令,不许收受建坊银。该藩司亦必照数给发,不得丝毫扣留,务使中式举人实沾恩泽。钦此。"

㊷ 见《钦定大清会典则例》卷七十一。

㊸ 见嘉庆《山东通志》,卷二十一。

㊹ 见马世珍、张柏恒1998:卷一"总纪"。

㊺ 同上:卷五"建置考"。在1906年的安丘县城图中,明确标出了这座牌坊的位置,见山东省安丘县地方志编纂委员会1992:页59。

㊻ 见马步元1998:卷二十"笃行传"之刘锺朴传。

㊼ 见陈谋德2003:页204~205。

㊽ 见《点石斋画报》"丝"卷四,页2,第292号,光绪十八年(1892年)二月。

㊾ 见王振忠1999。

㊿ 见《癸巳类稿》卷十三,页441。冯尔康首先注意到这首歌谣的史料价值,见冯尔康2005:页95。

该诗描述了寡妇自杀殉夫的风习，田汝康曾对明末清初寡妇自杀的问题进行详细研究（见T'ien 1988）。这种情形在安丘也曾普遍存在。明万历十七年（1589年）马文炜主修《安丘县志》的"列女传"记载了贞女节妇二十九人，其中殉夫死者十五人，受旌表者九人，这些受旌表者皆为殉死者。其中许多故事也见于张贞《渠丘耳梦录》，如明嘉靖三十二年（1553年），安丘峒峪村村民都一贯病逝，当天半夜时分，其妻王氏自缢而死。四年后，赵家的寡妇张氏也选择了同样的道路，更倒霉的是，她的死并不顺利，直到第三次，她才吊死在丈夫的棺材旁。（见周庆武2004：页242~244）"从夫于地下"在明代被认为是节妇贞女最崇高的行为。《安丘县志》"艺文考"所附九篇文章中，即有丘橓《王烈妇祠堂记》、王世贞《哀赵节妇辞》、黄祯《贞烈李氏诔》和马文炜《周烈妇诔》四篇，皆是对寡妇以死殉夫行为的颂扬。类似的悲剧到了清代初年仍大量存在，康熙二年（1663年）所修《续安丘县志》记载了明万历十七年（1589年）至清康熙二年节妇贞女五十人，其中殉夫死者二十八人，未果者四人。雍正六年（1728年），皇帝颁布圣谕，批评寡妇殉节是逃避圣人教导的家庭责任的卑怯行为，认为真正的节妇应继续活下去，并为其夫家恪守妇职。尽管这道圣谕并未使得孀妇自杀的现象绝迹，但在18世纪的妇女传记中，那些甘愿常年忍受青灯孤影之苦的孀妇的数量，的确远远超过了自杀者（见曼素恩2005：页3、28~29）。马若愚妻王氏没有选择自杀的绝路，或许正是时代风气转变的结果。

第四章 家谱

然而，即使那些绘声绘色的讲述，也没有提供王氏生平的细节，令讲述者颠倒沉醉的不是王氏的经历，而是牌坊本身，我们很难由那些口述的故事确切地知道王氏在丈夫死后详细的情况。相比之下，我们倒是可以从流传在安丘乡间的小调《小寡妇哭天》中获得一些更为具体的印象。小调以一位孀妇的口吻唱出，我们可以把它当作王氏的自白：

正月里来锣鼓敲，大街之上好热闹。人家夫和妻，有说又有笑，小寡妇看耍无人领着。❶俺的天儿吆！

二月里来龙抬头，小寡妇早起想要梳头。无人买官粉，无人买桂油，思想起丈夫泪帘子流。俺的天儿吆！

三月里来过清明，家家都去上坟茔。拿着千张纸，提着浆水瓶，小寡妇款动金莲慢慢行。俺的天儿呃！

　　四月里来养蚕忙，手提着竹篮去采桑。人家有丈夫，丈夫把树上，小寡妇只把小树采个光。俺的天儿呃！

　　五月里来五端阳，大麦上场小麦黄。自个拉碌碡，自个来扬场，无人和俺来晒这新粮。俺的天儿呃！

　　六月里来热难当，寡妇长病卧在床上。❷黄瓜长了刺儿，韭菜发了黄，无人买给奴来尝尝。俺的天儿呃！

　　七月里来七月七，出门碰着俺小姨。和俺同年月，又是同生日，人家她抱个哇大胖小子。俺的天儿呃！

　　八月中秋月儿圆，摆上月饼拜老天。有夫夫圆月，无夫自个圆，月下的影儿单单不全。俺的天儿呃！

　　九月里来九重阳，糯米老酒菊花香。有夫夫尝酒，无夫自个尝，嘴里没味心也觉得凉。俺的天儿呃！

　　十月里来十月一，奴在房中泪悲啼。手拿大鞋底，泪往手上滴，鞋儿缺帮儿奴儿缺伙计。❸俺的天儿呃！

　　冬至月里霜成冰，奴的被窝冷呀冷清清。才待伸伸腿，冻得金莲疼，被窝里还有一些空儿。俺的天儿呃！

　　腊月里来待过年，小寡妇房中缺少新鲜。无人贴画子，没买爆仗鞭，这样过年实在像过关。俺的天儿呃！❹

　　小调每一节曲调相同，❺一遍遍重复，如泣如诉。就像其标题所说的那样，年轻寡妇的这些心里话只有对天哭诉。王氏身居高门大户，经济状况或许要比小调中这位普通的农家孀妇好一些，但精神上的孤寂却不会相去太远。对于王氏来说，那些凄苦的感受同样也只属于她自己。这种以一年十二个月为序的叙事方式，使我们联想到牌坊上的四季花鸟，但是后者所展现的却是一片盎然的生机。面对那些灿烂夺目的图画，谁还会想到王氏所经历的日日夜夜？

县志中并没有王氏的传记，我们费了很大的力气，才在1920年刊行的马步元《续安邱新志》（记道光二十三年〔1843年〕至宣统三年〔1911年〕事）中找到"马若愚妻王氏"六个字。这六个字与其他六十二人的名字并列在一起，接下来的文字说："以上皆见节孝祠石刻，未详何时旌表。"❻这一记载提供了一个重要的事实，即除了有一座牌坊，王氏还被列入县城节孝祠加以表彰。据1914年刊行的《安邱新志》记载，节孝祠有两次重修，第一次是雍正元年（1723年）十二月，当地的文人张在辛捐钱，"修乡贤、节孝祠神位，换石刻"❼。第二次是道光八年（1828年）"秋修节孝祠"❽，时间比庵上坊落成早一年。王氏的名字应当就是在道光八年被刻在节孝祠内石头上的。王氏的这种待遇，在前面所征引的《点石斋画报》"孝妇旌门"一图（见图57）中也可见到，其队伍的导引者即肩扛"奉旨建坊"和"入记节孝祠"等字牌，说明建坊和入记节孝祠是当时并行的两种制度。

按照规定，雍正年间所建的忠义孝悌祠在学官内，节孝祠则不知为何要"另择地营建"❾。实际上，在此之前，各地的县学内已有节妇祠等建筑。如日人中川忠英所著《清俗纪闻》中，在县学图的左下角即有一座"节妇祠"❿，附近的"石牌坊"应是"道贯古今坊"⓫，而在节妇祠以北的一座牌坊，或许与旌表节烈有直接的关系（图58）。《清俗纪闻》所记载的是乾隆年间的情况，在有的地方，人们延续了这种传统的做法，也将节孝祠建在了学官内，如在甘肃武威文庙的西部还完整地保留着一座节孝祠，据说建于清代初年（图59）。⓬根据《续安邱新志》的记载，安丘学官内有"乡贤、名宦、节孝各祠以及明伦堂、两斋、学舍"⓭，也与《清俗纪闻》所见制度大致相同。

光绪年间出版的《图画新闻》中的一幅图画，描绘了上海西乡漕河泾已故节妇任张氏的牌位被送往节孝祠中供奉的情景，队伍中的家属和一些士绅奉香引导，后面一乘轿子，轿中可见节妇的牌位（图60）。⓮尽管牌位本身并无多少分量，但它是节

图 58 这幅县学图的左下角为节妇祠

图 59 甘肃武威文庙节孝祠大门

图60 凭借这幅图画，我们可以想象一下当年王氏入记节孝祠的情景

妇的化身，所以还是放置在轿子中，并且动用了四位轿夫所抬的"大轿"❺，以示庄重。将以上几幅图画串联起来，我们就可大致获得关于王氏入记节孝祠的一些朦胧的视觉感受。

在安丘城里，记有王氏名字的节孝祠的"东旷"，就是道光二十二年（1842年）官方所立的"节烈合坊"❻。这座牌坊所旌表的"四百余名贫苦节烈"，甚至包括了马家另一支十三世马焕若的侧室杨氏。❼ 与贫穷的杨氏不同，在这同一个大家族中，以王氏名义所建造的那座豪华的牌坊立在庵上，而庵上坊的名气远远超过了官方修建的节孝祠、节烈合坊，也超过了安丘县城曾有过的其他数十座牌坊。❽

《续安邱新志》并未详细记载王氏的事迹，这一点令人费解。编写《续安邱新志》的马步元为清光绪十五年（1889年）进士，翰林院庶吉士，授编修，甘肃正主考。或许长年在外地做官的马步元并不熟悉"天下无二坊，除了兖州是庵上"的民谣，或许当时这一民谣还没有诞生，或许像有的学者指出的那样，那些写入"列女传"的妇女多是作者本人或其亲朋好友的祖母、母亲、诸姨姑婶和继母。❾

幸运的是，在庵上镇大陆阁庄（一作大陆戈庄）村马氏后人手中，保存有乾隆二十九年（1764年）所修《安丘寨庄马氏族谱》和光绪元年（1875年）所修《安丘寨庄马氏支谱》（以下简称《支谱》）两书，为我们研究这座牌坊提供了丰富的信息。前者为马氏第十二世孙马浩基所修，后者为第十五世孙马廷实所修。寨庄即今庵上镇北部的马家寨庄村，距离庵上村约2.5公里。如今庵上的马姓居民，均由马家寨庄迁来。与建坊有关的人物属于寨庄马氏的第六支，皆记载于《支谱》中。

我们以前曾在安丘市博物馆贾德民先生处看到他所抄录的一些文字。2006年8月2日，在马炳烈先生和贾德民先生的帮助下，笔者拜访了保存这些珍贵文献的两位老人——七十八岁的马玉良先生（图61）和七十二岁的马洪苓先生（图62）。在两位老人的热情接待下，我们见到了《支谱》的原件。《支谱》为抄本，保存较完好。其布面书衣的书签已残，只可辨"安丘寨庄马"数字（图63）。书名页有二，皆与书签

图 61　马玉良

庵上坊

图 62　马洪岺（左）与贾德民

图 63 与修建庵上坊有关的一些人物,被记录在这本手抄的《安丘寨庄马氏支谱》中

图 64 《安丘寨庄马氏支谱》书名页之二

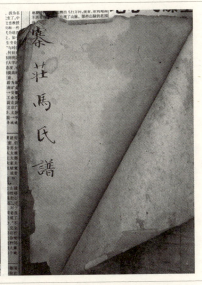

题目有所区别,其一曰"支谱",应为该书的简称;其二曰"寨庄马氏谱"(图64)。正文之前有光绪元年(1875年)马廷实所撰《重修支谱记言》三叶。根据书末宣统三年(1911年)荷月(农历六月)十七世孙马培瑞所写的跋,可知该抄本年代的上限。作为一部地方家族的史书,《支谱》修成后,可能只在家族内部传抄,并没有大量印刷的必要和机会。从书法的角度讲,抄本上的字体乏善可陈。但是,目前所见只有这样一个本子,它对于庵上坊的研究来说,自然相当重要。现将有关文字转录如下:

一世

仲英

其先无考,相传明永乐年间自山西洪洞县迁至安邱,卜居寨庄……[20]

十一世

图65、66 "……王氏,生乾隆五十二年六月初五日辰时,卒嘉庆二十年十一月十一日辰时,享年二十有九。氏奉亲守志,节孝两全。奉旨建坊,旌表节孝。"(《支谱》叶八十一下至八十二上,叶八十二下至八十三上)

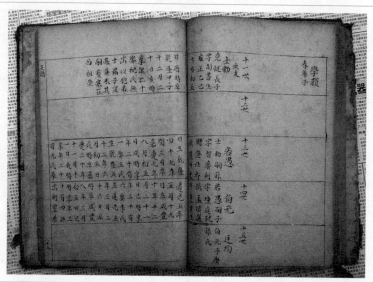

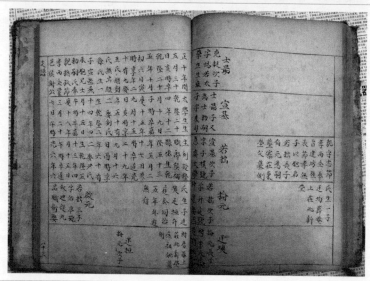

六支

士勒

克挺长子，字制书。生雍正乙巳七月初五日酉时，卒乾隆甲子十二月二十日亥时，享年二十。娶祝氏，无出。以胞弟士勖子宣基兼承其嗣。葬寨庄西祖茔。㉑

士勖

克挺次子，字惕若，太学生。生雍正十年闰五月三十日亥时，卒乾隆二十五年十月初六日寅时，享年二十有九。娶王氏，继刘氏无出。继徐氏，生一子宣基，兼承胞兄士勒嗣。氏奉亲抚孤，节孝两全，蒙邑侯谢公匾其门曰："节比松筠。"乾隆乙卯，奉旨建坊，旌表节孝。徐氏生乾隆四年九月十四日寅时，卒乾隆四十八年二月二十九日亥时，享年四十有五。葬寨庄西祖茔。㉒

十二世

宣基

士勖子，又为士勒嗣子，字来旬。太学生。生乾隆二十四年十二月十九日子时，卒嘉庆十五年九月十五日亥时，享年五十有二。娶刘氏，生乾隆二十四年四月十五日午时，卒嘉庆十八年三月二十七日午时，享年五十有五，生二子，若愚、若拙，以若愚承嗣父士勒一支。葬寨庄东新茔。㉓

十三世

若愚

士勒嗣孙，字智斋。例赠登仕郎，候选州吏目。生乾隆四十九年闰三月，卒嘉庆九年八月五日戌时，享年二十有一。娶王氏，生乾隆五十二年六月初五日辰时，卒嘉庆二十年十一月十一日辰时，享年二十有九。氏奉亲守志，节孝两全。奉旨建坊，旌表节孝。无子，以胞弟若拙长子伯元为嗣。葬寨庄东茔父墓侧。㉔

（图65、图66）

若拙

宣基次子，字子朴，号慧斋，太学生，例授修职郎，候补县丞。生乾隆五十三年五月二十五日亥时，卒道光二十九年九月十六日酉时，享年六十有二。娶尹氏，生乾隆五十三年四月十五日午时，卒道光六年六月初六日，享年三十有九。继刘氏，生嘉庆十一年九月初五日，卒咸丰十一年四月初一日酉时，享年五十有五，生子抡元。侧室任氏，生子伯元、启元。侧室柳氏，生子春元。侧室李氏，生子惇元。以伯元为出嗣胞兄若愚嗣。葬寨庄东茔父墓侧。任氏附葬庵上庄北。㉕（见图66）

十四世

伯元

若愚嗣子，字埙亭，号振孟，候选州吏目。生道光五年五月十九日，卒咸丰十年十二月二十一日巳时，享年三十有六。娶李氏，生道光五年三月二十六日丑时，卒咸丰八年三月初五日巳时，享年三十有四，无出。侧室季氏，生一子，廷均。葬庵上庄北新茔。㉖

十五世

廷均

伯元子，娶孙氏。㉗

与几种县志中的传记相比，《支谱》对人物的记载相当简略，但它仍然提供了许多重要的信息。综合《支谱》的记载和其他文字材料，可以排列出一个年表（有关内容见文末《年表》），这为以下的研究提供了方便。

英年早逝的马若愚并没有什么实际的官职，他生前仅仅为候选州吏目。吏目是清代知州（包括直隶州）的属官。每州设一人，为从九品，主掌缉捕、典狱。因为清

图 67 河南嵩县清"例授登仕郎"匾牌　　图 68 河南孟津县清"钦赐修职郎"匾牌

代设置州同、州判等佐贰官的州比较少，多数州即以吏目代行佐贰官的职责，一州之中，其地位仅次于知州。❷但是马若愚的这个官职只是"候补"，这是清代因地方行政机构官多缺少而实行的制度，这些候补的官员并未担任实缺。至于登仕郎的称号，则是其死后所"例赠"，更没有什么实际意义。❷同样，太学生出身的马若拙也只是一个候补县丞，所不同的是他在生前被"例授"了一个修职郎的称号。❸

清代有花钱捐官的"捐纳"制度，捐官难补实缺，须候补，故清代候补道中捐官极多。❸在清代，一些有较大经济势力的家族为了与官方取得联系，提升其社会地位，保障家业的牢固，常常买官取爵。有研究者指出，正是在道光年间，捐纳之风最为泛滥。❷马若愚兄弟的官职皆为候补，极有可能是花钱买来的。近年来，洛阳民俗博物馆收集到一些悬挂在门额上的竖式匾牌，就有多件刻有"例授登仕郎""钦赐修职郎"等字样，❸便是这些既无实职又无实权的官员用以向乡里炫耀其虚名和自我满足的招牌（图67、图68）。或许马家的门前当年也曾挂有这样的匾牌。

但是，《支谱》所载马若愚"例赠登仕郎，候选州吏目"的头衔并不见于牌坊上，牌坊上的文字只说明马若愚是一名"儒童"。一种可能是，牌坊落成时，这些头衔还没有拿到手。

《支谱》的内容在很大程度上与传说相吻合。据《支谱》记载，马若愚和王氏无子。马若愚死后，王氏"奉亲守志，节孝两全"。这些字眼本身纯属套话，却是《支谱》惜墨如金的作者对人物行状难得的记述。这里并没有提供实例来证明王氏的节与孝，然而，马宣基夫妇都先于王氏而死，从这种时间关系上来看，王氏的确有机会完成对公婆尽孝的任务。最重要的是，《支谱》明确记载"奉旨建坊，旌表节孝"一事，这里提到的"奉旨"，与王翰林求圣旨的传说以及牌坊上"圣旨"二字正可对应。

另一方面，《支谱》的记载也与传说的情节有所出入。根据传说，马若愚和王氏并没有举行婚礼，因此严格地说他们并没有真正的夫妻名分。在这种情况下，王氏不再嫁与他人，则被视为"守贞"。❸但是，在《支谱》和牌坊的题字中，王氏都被冠以"马若愚妻"的名分。很可能，他们确曾有过婚姻的事实。如果未举行婚礼，即所谓"过门",那么王氏是难以长年留在马家的。一个可以对比的例子是,马若拙之孙马廷塽（抡元之长子）所聘李氏虽被写入马家的《支谱》,但文中特别说明了李氏"未过门"而亡。㉟如果王氏未过门,那么《支谱》也应加以注明,断不会出现"娶王氏"的字眼。所以,马若愚和王氏未能拜堂之说,恐无根据。

《锡山邹氏家乘》和《余姚江南徐氏宗谱》皆规定,妇女守节者,"当备入于谱表立传","征聘名卿硕儒,传于谱,以励奖"。㊱马家《支谱》载入王氏事迹,也是对其守节行为进行表扬和鼓励的手段。令人惊异的是,《支谱》中还提到了另一座牌坊,即马宣基的母亲、马若愚的祖母徐氏因为"奉亲抚孤,节孝两全"而获得的一座牌坊。这座牌坊的建立显然也是马家的大事,所以,徐氏的事迹同样有较详细的记载。根据这一线索,我们请教了曾担任庵上镇文化站站长的马炳烈先生。马先生来信说:"此坊建于庵上村东,据传说结构工艺都比较简单。此坊毁于1952年,本地人拆毁用石修了桥。"㊲我们多次到庵上,都没有人提到这座牌坊,如同安丘县城众多已经消失的牌坊一样,这座牌坊也被人们遗忘了。

徐氏的牌坊修建时,马宣基已经长大成人。可以推知,马家在这时期的经济实力已足以应对建造一座牌坊的花费。马若愚死后,对于王氏来说,矗立在眼前的徐氏牌坊,无疑为她提供了一个最切近的榜样。生活在这样一个家族中,守节便成了唯一的选择。

贾德民先生提供了庵上当地的另一种传说:马宣基当初只有马若愚一子,若愚死后,王氏担心马家绝户,力劝马宣基续弦。马宣基继室生马若拙,马若拙则由王氏抚养大。㊳不识字的讲述者王秀香女士也有类似说法,她不能理解牌坊上深奥的文字,说横匾上的字是"老嫂比母"。㊴王氏抚养马若拙的说法得不到《支谱》和牌坊本身的支持,根据《支谱》的记载,王氏只是比其小叔大一岁。但是,这些传说中有一点是与《支谱》一致的,即修建牌坊的工程是由马若拙主持的。

由于马宣基先于王氏而死,我们也可以推知,牌坊修建时,其次子马若拙已成为一家之主,因此,建造牌坊的工程只能由马若拙来主持。在当地的观念中,一个家庭内,公爹与儿媳、兄长与弟媳必须保持相当的距离,而年轻的小叔与年长的嫂子之间则可以较为亲近,因此,由马若拙来主持修建亡嫂的牌坊,也最合乎伦理的要求。

《支谱》还提供了其他一些重要的信息:

其一,马宣基只娶了一位夫人刘氏,而马若拙却妻妾成群。在王氏的牌坊落成前三年,即1826年,马若拙三十九岁(虚岁)的妻子尹氏也离开了人世,马家再遭变故。尹氏无子,就在她去世的前一年,即1825年,马若拙的侧室任氏生子伯元。《支谱》没有提供人物结婚的时间,但由于马伯元的降生,可以推测,尹氏尚在世时,马若拙已经娶了任氏。刘氏因为排在任氏前面,也不可能是在尹氏死后才过门的,只是在尹氏去世后,她才有了"继室"的名号。所以,在1826年之前,马若拙同时拥有三位配偶。至于柳氏、李氏,则可能皆同时与任氏生活在马家。

其二,十一世马士勅、马士勗卒后"葬寨庄西祖茔",十二世马宣基"葬寨庄东新茔",这里出现了两处茔地。十三世马若愚和马若拙皆"葬寨庄东茔父墓侧",而马若拙侧室任氏却"附葬庵上庄北"。我们不知道为什么任氏离开父祖和丈夫的茔地而安葬在庵上庄北仍称"附葬",重要的是,马家又有了一块新的茔地。按照常规,这些茔地必定是马家的私产,因此,这种不断变换茔地的事实可以证明,在马若拙当家的时期,马家至少拥有了三处田产。很有可能,马家大片的田产已经覆盖了附近数个村庄。当地传说,马家土地最多时,有十三顷,范围涉及庵上以东七八个村庄。❿这些说法或有一定的依据。寨庄应是马家第六支的主要居住地,但任氏葬在庵上庄北,说明大约在马若拙的时代,马家的房产已经扩展到庵上。所以,王氏的牌坊立在了庵上,而不是寨庄。

马若拙一娶再娶,又拥有大片田产,如前所述,他还可能捐了些小官,这说明,马家的势力在马若拙当家时比马宣基时期有了更大的发展。马若拙七岁时,其祖母徐氏的牌坊就已建成。可以想见,这座牌坊为马家带来的荣耀,伴随了马若拙的成长。家族既有立牌坊的历史,而到了马若拙当家时家道兴旺,修建一座新的牌坊自然是顺理成章的事。按照马炳烈听到的说法,徐氏牌坊远不如王氏牌坊气派,如果事实

图 69　郑板桥关于节妇继嗣的判牍

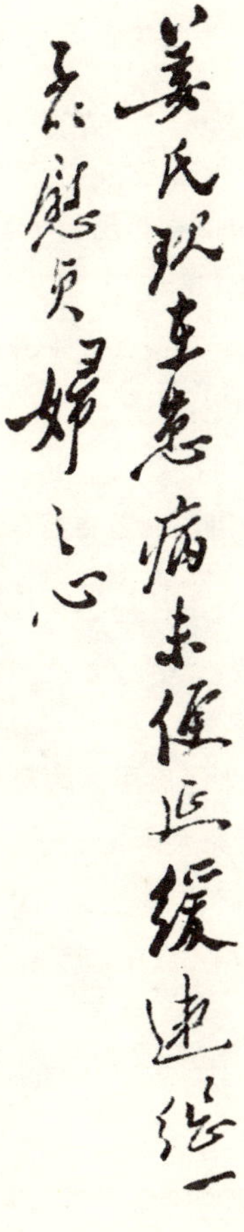

> 姜氏现在患病未便延缓速继一子以慰贞妇之心

如此，那么这两座牌坊规模和工艺的差距，也是这个家族势力不断增长的证据。

马若愚和王氏无子，香火的延续成了一个问题，解决的途径是继嗣。继嗣是许多家族要面对的一个问题，有时还会引起争端。《大清律》规定："妇人夫亡无子守志者，合承夫分，须凭族长择昭穆相当之人继嗣。"⑪ 这条规定保证了夫家财产的稳定，同时也兼顾到家族中亡故者香火延续的问题。但是，史景迁（Jonathan D. Spence）注意到，这条规定也为家族内部的纷争提供了可能，通过继嗣的问题，侄子或更远一些的晚辈可以侵夺寡妇的财产。⑫

依据《大清律》的上述规定，郑板桥在潍县居官时，留下两条判牍，一曰："姜氏现在患病，未便延缓，速继一子，以慰贞妇之心。"（图 69）不知什么原因，郑板桥的这个判决未得到执行，另一条判牍已属亡羊补牢之举："姜氏虽死，理应择继承嗣。"⑬ 马家继嗣的问题也是在王氏死后才得到解决的。王氏去世九年后，马若拙的侧室任氏生伯元，并以伯元出嗣马若愚。

1861 年，过继到马若愚夫妇名下的

马伯元在庵上庄北安葬。我们知道马若愚葬在寨庄，王氏葬于何处则不详。值得特别注意的是，马伯元的生母任氏也葬于庵上庄北。那么，马伯元为什么没有安葬在马若愚所在的茔地，而是葬在庵上？是因为旧的茔地空间有限，还是因为他有意要靠近自己的生母？这种继嗣对于马若愚和王氏而言，到底有多少实际的意义？对于这些问题，我们不知道确切的答案，但有一点可以肯定，那就是，由于马伯元的继嗣，王氏的遗产理所当然地留在了马家。

不仅如此，马伯元也成了候选州吏目，有妻室，并有侧室和儿子马廷均。㊹马家并未像传说的那样因为修建牌坊而立刻家道中落。

除了十七世马培瑞在《支谱》的末尾写有一跋语外，马家该支十六世以后的情况，不见于文献记载。马培瑞在跋语中提出了他殷切的期望：

> 吾马氏支谱或迟十余年，或迟二十余年，即当重修。能独立修之，固为孝慈之大，否则，计所费若干，按名公派，以成义举。断不可因循推诿，致有散佚之患。

虽然《支谱》没有散佚，但马培瑞提出的十年或二十年后重修的愿望并没有实现。据说，到十五、十六世，马家陷入了一场危机，由于家人迷入赌场，祖宗的家业很快便败落殆尽。像很多逃荒的山东人一样，马家的子孙也走上了"闯关东"的道路。此后马家该支的子孙多居住在沈阳一带。如今庵上七十多岁的马清海老人是马家六支十七世，早年即由东北迁回故乡。

注释

家谱

❶
耍，安丘方言，指农村的社火表演。

❷
长病，安丘方言，意为生病。

❸
伙计，安丘俚语，指配偶。

❹
见王君政、王振山 2005：页 294~295。

❺
小调的基本曲调为：

1̇ 1̇ 16 | 1 2̂7 | 332 12 | 1—
二月又么 里来 龙 抬 头，

1̇ 3 | 2̂3 2̂1 | 665 56 | 5—
小寡妇 在绣楼 梳呀么梳油 头。

1̇ 1̇ 16 | 1 2̂7 | 332 12 | 1—
没人买官 粉啊 没人 买头油，

1̇ 3 | 2̂3 2̂21 | 665 53 | 2·3 2̂1
小寡妇 越思越想 两眼 泪交 流，

665 56 | 5— ‖
我的个 天 来。

（郑学信先生提供，唱词略有差别。）

❻
见马步元 1998：卷二十四 "列女传上"。

❼
见马世珍、张柏恒 1998：卷一 "总纪"。

❽
同上。

❾
见嘉庆《山东通志》，卷二十一。

❿
见《清俗纪闻》：页 310~311。

⓫
同上，页 313。

⓬
见党寿山 2001：页 131。

⓭
见马步元 1998：卷四 "建置考"。此条文献由韩宗祥先生检得并赐教。

⓮
见国家图书馆分馆 2003：页 3934。

⓯
关于清代大轿与小轿的差别，见《清俗纪闻》：页 246~247。

85

❶⑥ 见马世珍、张柏恒 1998：卷一"总纪"。

❶⑦ 据《安丘寨庄马氏支谱》记载，马家另一支十三世马焕若的侧室"杨氏自二十六岁守节，奉亲抚孤，节孝两全，奉旨列入渠丘节孝总坊"。（见马廷实：叶89。）渠丘即安丘。

❶⑧ 见陈泽浦、张立德 1990。

❶⑨ 见曼素恩 2005：页1。

❷⓪ 见马廷实：叶1。

❷① 同上，叶81~82。

❷② 同上，叶82~83。

❷③ 同上，叶82~83。

❷④ 同上，叶81~82。

❷⑤ 同上，叶82~83。

❷⑥ 同上，叶81~82。

❷⑦ 同上，叶81。

❷⑧ 见邱远猷 1991：页29。

❷⑨ 清代正九品封赠登仕郎。见《清史稿》，页3194。

❸⓪ 清代正八品封赠修职郎。见《清史稿》，页3193~3194。

❸① 见邱远猷 1991：页26~27。

❸② 见冯尔康 2005：页41~43。

❸③ 见洛阳市文物管理局、洛阳民俗博物馆 2003：页269、277、284。

❸❹
关于清代妇女守贞的研究，见冯尔康 2005：页 96~97。

❸❺
见马廷实：叶 83。

❸❻
转引自王跃生 2003：页 234。

❸❼
见马炳烈致郑岩函。至于徐氏牌坊是否真的立在庵上村，还值得进一步推敲，因为从《支谱》来看，马家的势力在马若拙当家的时期才扩张到庵上（详下文）。

❸❽
见贾德民致郑岩函。

❸❾
据 2006 年 1 月 30 日王秀香口述。王秀香，女，六十二岁，原籍诸城吴家楼镇石桥子村，现居住于安丘市人民医院家属院。王不识字，喜唱戏，记忆力极好。其祖母年轻时曾在庵上做工，她熟知很多庵上一带的民间故事，这些故事皆传自其祖母。

❹⓿
当地还传说马家暴富与刘墉（1719—1804，字崇如，号石庵，山东诸城人，曾任太原知府、内阁学士、湖南巡抚、工部和吏部尚书等职）有关（见马炳烈致郑岩函）。此说并无根据。

❹❶
《读例存疑》，页 247（078.02 条），见布拉思：《大清律例便览》，页 189（398 节），转引自史景迁 2005：页 57。

❹❷
见史景迁 2005：页 57~58。

❹❸
见周积寅、王凤珠 1991：页 330。

❹❹
马廷实在编修《支谱》时，与他同辈的马廷均（十五世）可能仍在世，所以《支谱》关于马廷均的记载十分简略。

第五章 载入史册

道光七年（1827年）三月，安丘发生了地震。在庵上坊落成的道光九年的十月二十二日（1829年11月19日）夜间，地震再次发生，"初，窗纸作声，门环皆响，旋觉动摇，连日数次。益都、临朐城坏房屋有倾倒者"❶。这次地震的震级为六级，益都、临朐震中烈度八度，❷ 连震八次，自此一月数震，或数月一震，至道光十一年（1831年）方止。❸ 即将完工或已经完成的牌坊经受了地震的考验。

要知道在此前后庵上一带还有什么事情发生，可依据的资料甚少。道光七年（1827年），知名人士辛天池、李郑铎等人到附近的公冶长祠游玩，目睹房舍破败荒凉的景象，便筹资募工，将公冶长祠修葺一新。受其感召，距公冶长祠百步的青云寺住持——七十岁的学管法师和徒弟真斋将所集资金和自己的积蓄拿出来重修了青云寺。道光九年（1829年），他们在公冶长祠立碑，将辛、李等善人表扬了一番。❹ 这些尊崇先贤、信奉佛教的事迹被铭刻在了石头上。

在这一年，同样以石头雕成的还有庵上坊，它在十里八乡所造成的影响，当不在公冶长祠和青云寺之下。

关于牌坊的建造，最直接的历史文献是《支谱》，但《支谱》的记载实在过于简略，这类家谱往往只是家族中一位粗通文墨的人的作品。卜正民（Timothy Brook）指出，即使那些载入地方志的节妇事迹，也难以提供主人公详细的个人资料，她们的个性完全被纳入一种表面形象中，所以，这类传记中的节妇"作为一类人是被记录了，然而作为一个人，她却被遗忘了"。❺《支谱》记载王氏"奉亲守志，节孝两全"，更是一些陈词滥调。这些文字缺乏细节，从而忽略和隐藏了许多事实：马若愚得了什么致命的疾病？王氏是否被马若愚的病所传染？为什么她在公婆去世后不久就离开了人世？牌坊修建的具体过程又是怎样的？这些问题的真相可能将永远被尘封。

但是，牌坊实实在在地立在那里，就会激发着人们将故事不断地讲下去。这些故事在庵上世世代代口口相传，有时会被外乡人听到，从而流传到更远的地方。然而，一旦故事的价值被知识分子认识到，它的形式就会发生改变，由声音转化为文字。

马堂（1918—2001，图70）是庵上村东一里处的南仕居园村人，他对王氏的故事十分熟悉，并常常向邻里和晚辈们讲起。马堂只是那些出色的讲述者中的一位，在庵上一带，很多人都能讲王氏的故事，所不同的是，1989年5月，与马堂同村的马炳烈根据他的叙述将故事记录了下来。❻我们不妨读一下这个记录稿开头的三节：

清嘉庆七年，庵上村数倾（顷）富豪马宣基之子马若愚与诸城北杏翰林之女王家小姐经媒妁之言订下终身，翌年秋月，马家择定一吉日良辰要为马若愚完婚，马若愚与王家小姐就要洞房花烛，喜结良姻。

是日，上午天气晴朗，马家娶亲的车马人等披红挂绿，拖拖发往诸城北杏。马家上上下下，忙里忙外，一个上午就把迎亲的大事小节准备了个头头是道；高堂上马宣基老夫妻泰然自若,喜上眉梢,但等下午迎亲接喜。

不料,中午刚过,一阵冷冷的西北风吹过,随即从西北天边涌起黑云,继而电闪雷鸣,不多时就盖上了头顶。马家视天气突变,以为只不过是浮云一块,一阵风吹过便可云开雾散,顶多不过是拽几个雨点子,无损大吉大利的气氛。可谁知黑云盖过之后,突然风停雷止,先是噼里啪啦地一阵大白点子,随后刷刷地下起了淫雨,只见雨夹雾,雾罩着雨,不大不小,不紧不慢地下着。马宣基夫妻看到淫雨难停,如坐针毡,为儿娶亲的喜气一扫而光,随即陷入了重重忧虑之中:这是什么雨?为什么偏在这个时候下这样的雨?

这个记录稿的语言相当生动,对于讲述者的尊重也显而易见。稿子末尾署名如下:

口述人:马堂

整理人:马炳烈

采录时间:1989年5月

采录地点:庵上村

流传地区:庵上一带

文稿在很多地方保留了方言的特征,例如,"拖拖"是安丘方言,形容队伍很长;"拽几个雨点子"的"拽"字意思是"抛下"。但是,马炳烈也必须面临口头语言、庵上方言和书面语言冲突的难题。(我们在本书开头介绍这个故事时,同样也要面临这样的问题。)马炳烈在此使用的"整理人"一词是相当准确的,实际上,他不得不做出一些调整,如"翌年""是日"等词,并不是安丘人的口语。我们也很难相信,对风雨袭来的整个过程的精彩描写,完全出自马堂的口述,而不是马炳烈本人的生花妙笔。

值得注意的是,文稿一开头,就将马若愚结婚的时间说得十分准确。准确的数字还见于下文:

图70 在庵上一带,很多人都能讲王氏的故事,马堂是那些出色的讲述者中的一位

图71 马炳烈的记录,使口述的故事转化成了白纸黑字的"文献"

> 马若愚亡故后,王家小姐……经过十一年光景,不幸染病亡故,享年二十九岁。
> 道光己丑岁年,马家建坊正式动工。
> 日日月月历时十四年光景,石坊落成。

在上百年的口口相传中,如何能将这些复杂的年代关系保留得如此完整清楚呢?

按照《支谱》,马若愚卒于嘉庆九年(1804年),王氏卒于嘉庆二十年(1815年),恰好相距十一年。《支谱》也记载王氏的生年,她死时的年龄也很容易推算出来。参照牌坊上的纪年,从王氏之死,到牌坊落成,正好是十四年。很显然,马炳烈在此参考了《支谱》的记载和牌坊上的题记。文稿甚至直接引用了《支谱》的原文,称王氏"最终选择了'奉亲守志,节孝两全'的人生之路"。提到牌坊动工的时间,他所写的年代不是"道光九年"或"1829年",而是"道光己丑岁年",这种表述显然来自牌坊上"大清道光己丑岁建"的题记。不过,他将牌坊完工的时间误认为开工

的时间。❼如果牌坊在道光九年开工,那么,所谓"历时十四年"的说法也就失去了依据,因为"十四年"实际上是从王氏之死到道光九年相隔的时间。至于文稿开头所述马若愚与王氏订婚和结婚的时间,则可能是根据马若愚去世的时间推测所得。

在记录这个文稿时,马炳烈担任庵上镇文化站的站长。有几年的时间,他的办公室就在庵上坊旁边。马炳烈高中毕业,能写会画,经常在报刊上发表一些新闻报道、诗文和摄影作品,是位典型的"文化人"(图71)。

马炳烈对马堂口述的故事所做的调整当然不是故意"篡改",而是在相信这个故事真实性的基础上,善意地增加了更多的"证据"。这个记录稿首先于1989年发表在《安丘民间文学集成》中。❽这本书是《中国民间文艺十套集成》中六千卷的《中国民间文学集成》"县卷本"的一种。而整个宏大的计划作为国家社会科学的重点项目,被列入"七五""八五""九五"规划中。不必说,马炳烈的记录,已经使马堂口述的故事转化成了白纸黑字的"文献"。尽管记录稿题为《石坊的传说》,但实际上这已不像一个"传说",而像一部凿凿有据的"史书"。

与《支谱》不同的是,这部新的"史书"充满了细节和色彩。它的内容有三个来源:一、口述的故事,二、更早的文献,三、古迹。在这里,我们还会看到马炳烈写作的方式:严谨的考证+文学性的笔法。但这一切绝不是马炳烈本人的发明,他只是自觉或不自觉地秉承了悠久的治史传统。❾

不止一人记录了庵上坊的故事,周庆武《谭海钩奇——潍南民间故事》一书的记载与马炳烈的版本大同小异。❿这一文稿也引用《支谱》"奉旨建坊,旌表节孝"的原文,又将马若愚结婚的时间说成嘉庆七年(1802年),这比马炳烈推算的结果早了一年。

类似的情况也许并非第一次发生。王氏的故事最初可能来源于史实,又在流传中被添枝加叶。《支谱》偶尔会被人读到,那些识文断字的读者可能根据《支谱》来调整他们口中的故事。这些有知识的人士在乡里享有较高的威信,因此他们生动而"可靠"的讲述,会使更多的人信以为真。

图 72　殷国庆绘《马若愚娶亲逢大雨》插图

实际上，马炳烈和周庆武的文稿都声称，他们所记录的只是"传说"。但是，在另外的文字中，这个故事被有意无意地加以改写，从而更像一部"史书"。

周庆武编著的另一部书《安丘名人录》收录了一百五十位自春秋时期至当今的安丘名人，马若愚居然也名列其中。这位既无功名又无著述的短命书生被收录，全赖庵上坊的名声。马若愚新的"传记"有五百余字，多半是关于牌坊故事的记述。❶在这里，传说的基本情节被转述下来，但在类似于纪传体的新形式下，这个故事俨然是对史事的实录。该书图文并茂，文末不仅有庵上坊的照片，还有一幅题为《马若愚娶亲逢大雨》的插图，画家沿着文字的轨迹，将一幕雨中娶亲的悲剧再现出来（图 72）。

由安丘市文化局主持编写的《安丘文化志》有"庵上石坊"一条，全文共三节，转录前两节如下：

［庵上石坊］　石坊位于庵上镇庵上村内，建于 1829 年（清道光九年），是

庵上村马若拙为其嫂王氏所建的节孝坊。

据《马氏家谱》记载：马若拙（1788—1849）字子朴，号慧斋，太学生，例授修职郎，候补县丞，是当地的大富户；其兄马若愚（1784—1804）字智斋，例赠登仕郎，候选州吏目，娶诸城大北兴翰林之女王氏为妻。因吉日适逢大雨，公婆以为晦气，遂不许若愚夫妇同房。直至三年以后，若愚染病身亡，年仅二十一岁。王氏秉承家教，"奉亲守志，节孝两全"，二十九岁时郁郁而死。于是马家"奉旨建坊，旌表节孝"。相传石坊由江苏扬州艺人李克勤、李克俭兄弟及其八名弟子设计而成，其完美的造型设计和卓绝的雕刻技艺闻名遐迩，当地素有"天下无二坊，除了兖州是庵上"之说，意谓除兖州牌坊外，天下再无其他牌坊可以与之媲美。❷

这段数百字的短文除了在提到建坊艺人李克勤、李克俭兄弟时用了"相传"二字，婚礼遇雨等情节则与《支谱》（原文误作《马氏家谱》）的记载错杂在一起。马若拙"是当地的大富户"，王氏为"诸城大北兴翰林之女"，这些本来都只是传说的内容，在这里也加进了"据……记载"的句型中。❸这段文字的作者显然意识到自己的官方身份，其简洁的叙述字斟句酌，四平八稳，与马炳烈的文笔风格迥异，更增添了说服力和权威性。

与这种官方文字不同，安丘当地作家徐培学的新作《天下第一坊》是一部短篇小说，❹但这一作品在互联网上首次发表时，特别注明为"纪实小说"，故事的时间、地点、人物、情节均严格地遵循了庵上坊故事的原型。作者的写作态度严谨，尽管其文学色彩相当浓厚，却始终没有从根本上偏离原故事的基本框架。作者显然有一个信念，即《支谱》和当地口传的故事，都是不容歪曲的历史。

一千年以后，假如牌坊仍矗立在原地，或被考古学家从地下发掘出来，而这种种风格不同、内容却极为相近的"文献"，被人们同时从故纸堆中发现，那么，谁能保证这些文字不会被当作"信史"，反过来用以"复原"这座牌坊修建的背景和过程呢？

❶
见马世珍、张柏恒 1998：卷一"总纪"。

❷
http://www-wdcds.seis.ac.cn/demo/quake

❸
见马世珍、张柏恒 1998：卷一"总纪"。

❹
据《重修庙碑记》，见山东省安丘县地方史志编纂委员会编 1992：页 718。

❺
见卜正民 2004：页 106～107。

❻
马堂，身份证登记姓名为马唐，马炳烈记录稿中为马堂。见马炳烈 1989：页 48～52。

❼
牌坊上的纪年一般为建成时的时间，例如山东东阿县魏庄旌表魏嗣征继室雷氏节孝坊额枋下有刻字曰："康熙五十九年四月十七日（1720 年 5 月 23 日）建成。"（见山东省省情教育丛书编委会 1993：页 26。）

❽
十四年后，马炳烈的稿子又被收录到《安丘民间故事》一书中。（见王晓丽、张跃放 2003：页 193～196。）

❾
例如，司马迁搜集资料的手段包括对"禹穴"等古迹的考察、"紬史记、石室金匮之书"以及"罔罗天下放失旧闻"。(见《史记》：页 3293、3296、3319。)

❿
见周庆武 1996：页 122～127。

⓫
见周庆武 2005：页 181～183。

⓬
见山东省安丘市文化局 2002：页 208。

⓭
虽然我们可以根据对《支谱》的仔细分析，来验证马若拙家财殷实的说法，但《支谱》中对此并无直接的记载。

⓮
见徐培学 2005。

第六章 石算盘，石鸟笼

马炳烈的记录稿没有引用庵上流行的这一妇孺皆知的民谣：

> 天下无二坊，
> 除了兖州是庵上。

庵上坊的故事还有后一部分，也不见于马炳烈的文稿。这部分讲述的是另一场悲剧，对此，周庆武在 1996 年是这样记录的：

> 这石坊真可谓神工鬼斧，美妙绝伦。李氏兄弟从此名声大噪，天下工匠没有不折服的。

> 传说这兄弟俩，日后被兖州一个富豪雇去建造石坊。刚建起坊，那富豪问他们："你兄弟俩是天下一流的工匠，你们建的石坊顶数哪座好啊？"
>
> 哥俩明知庵上坊更精巧，但为让主家高兴，就回答说："东家，这坊嘛，数了兖州，才是庵上。"
>
> 那富豪暗喜自家牌坊天下第一，可又恐怕他俩往后再建造出比这还好的来，就又试探地问："还能建出比这更好的吗？"
>
> "只要有钱，还能造更好的。"工匠直耿耿地说。
>
> 于是，狠心的富豪就把他们毒死了。❶

对于这一情节，马萧萧 1962 年的记录略有不同：

> 后来，老石匠被兖州的一家财主请去，又刻下一座牌坊，比庵上那座更好。喝完工酒的时候，财主夸口说："哼！我家的这座牌坊，可算是天下无二的了！"老石匠说："手艺是无穷无尽的，只能越刻越好，哪会就此到头！"财主一听，心想：若是石匠再能刻出更好的牌坊，压倒了自家这座，那还了得！于是暗暗在酒中下毒，把老石匠药死了。❷

周庆武是安丘当地的作家。他的稿子解决了两个问题：其一，借石匠之口，点出了"天下无二坊"的民谣，使民谣有了一个"源头"❸；其二，周庆武显然对民谣本身的一个缺陷耿耿于怀，即它将庵上坊排在了兖州坊之后，这当然不符合庵上人乃至安丘人的利益，❹为此，他将这种排列次序解释为工匠为讨好主人而歪曲了事实。周庆武的办法很巧妙，他通过一系列的直接引语，让故事中的角色跳到前台来讲话，而他自己的态度则隐藏在这些对话背后。

马萧萧的版本也有两点值得注意：其一，马萧萧祖籍安丘，但他从年轻时就离开家乡，奔走于大江南北，眼界十分开阔，所以他并不太在意将兖州坊排在庵上坊之前的说法；其二，在马萧萧的笔下，作为"劳动人民"代表的石匠并未计较工钱的多少。❺1962年，中国共产党八届十中全会提出"以阶级斗争为纲"的口号，经济工作被放到次要位置。这个时代的马萧萧没有为庵上人或安丘人辩护，而是在为一个阶级辩护。1996年，社会主义市场经济体制已在中国确立。在这个时代的周庆武眼中，石匠们为了自己的利益公开地谈论价钱，已变得十分正当。就这样，随着20世纪后半叶中国社会的变迁，那些19世纪初的人物在微妙地调整着对话的措辞。

故事到这里戛然而止，既没有关于这场谋杀案的调查与审判，也没有提供任何有关兖州牌坊的细节。也许故事本身已经不完整了。庵上人在与我们的谈话中，也常常疑惑兖州牌坊和庵上牌坊孰伯孰仲，他们会问，既然说"天下无二"，为什么又跳出了一个兖州牌坊来？但是，他们很难跑几百里地，到鲁西的兖州去比较一下那里的牌坊，对他们来说，兖州牌坊始终停留在"听说"的层面上。

与庵上当地人不同，原籍山东昌乐县高崖村的秦德生老人1956年曾在兖州县城住过一段时间，❻他亲眼看见了兖州城中的很多牌坊。虽然他说不清这些牌坊的具体情况，但记得当地人讲，有一座牌坊早年还挂着很多个石头雕刻的鸟笼。秦先生熟悉庵上的民谣，他的大姨母早年就嫁到了安丘马家寨庄的马家。因此，他相信兖州的这座牌坊与庵上马家的牌坊关系密切。❼

遗憾的是，在兖州这个县级市，如今已经找不到一座牌坊。兖州市博物馆的工作人员告诉我们，从前兖州城里有多座牌坊，但在"文革"中悉遭破坏。在市博物馆里，我们看到了一座牌坊的抱鼓石等残破的构件（图73）。该馆原馆长樊英民先生在他的著作中提到了庵上的民谣，并明确指出，民谣中所说的兖州牌坊即明崇祯年间修建的范氏家族的两座牌坊，其中东边石坊上有"万邦为宪""父子同朝"八字，西边石坊上有"忠孝名臣""祖孙进士"八字。这个家族中的范伸和范淑泰为"祖孙进士"，范廷弼、范淑泰则为"父子同朝"。两座牌坊皆在"文革"初起时被毁，一些残石被砌在西关水库和南大桥上。❽所幸曾于1907年到中国考察古建筑的德国学者恩

图 73　兖州一座牌坊的残件

石算盘，石鸟笼

斯特·柏石曼（Ernst Boerschmann, 1873—1949）留下了一张范氏牌坊的照片（图74）。❾从照片中可以清楚地看到"忠孝名臣"四字，其雕刻大量采用了高浮雕和透雕的手法，与庵上坊的风格的确有些近似。

樊英民没有提到范氏牌坊上有秦德生老人听说过的石鸟笼，而范氏牌坊的年代也比庵上坊早得多。虽然范氏牌坊与庵上坊可以用一句民谣连接起来，但二者的关系仍然模糊不清。

从兖州向西南行走约100公里，就可到达单县城。在民国年间，单县城里曾有三十多座牌坊，而今仅有两座石牌坊幸存下来，即著名的百狮坊（图75）和百寿坊。这两座牌坊也采用了透雕的技法，但它们与庵上坊的相似性不仅表现在雕刻风格上，令人惊异的是，百狮坊有着和庵上坊相似的传说。单县人说：

99

图 74 德国人柏石曼（Ernst Boerschmann）
1907 年拍摄的兖州范氏牌坊

庵上坊

图75　单县百狮坊与庵上坊的相似性不仅表现在雕刻风格上，令人惊异的是，两座牌坊有着相似的传说

石算盘，石鸟笼

庵上坊

你们来得太晚了！早年在这座牌坊正间的梁下，还挂着一只鸟笼，风一吹，笼中的鸟就会叫。那笼和鸟是用一块石头雕成的！❿

接下来的故事也与庵上坊惊人地相似：

百狮坊落成后，东家问石匠能否建得更好，石匠说只要加钱还能更好。东家于是在酒菜里下了毒，一百三十多名石匠死于非命。⓫

百狮坊是乾隆四十三年（1778年）为赠文林郎张蒲妻朱氏而建的节孝坊，和庵上坊的时代相差半个世纪。不同时期、不同地域的作品，却有着同样的故事！

我们预先设想，顺着庵上的民谣，或许可以在兖州一带找到一座与庵上坊有着同样风格的牌坊，甚至同样出自李克勤、李克俭兄弟之手，这样一来，我们就可以构建出关于一批艺术家或一种艺术流派的风格史。这原本是我们看家的本事，但是，现在的局面却令人有点尴尬。

回到书斋里，借助互联网搜索"石算盘"和"石鸟笼"两个词，一大串故事又被拉了进来：

相传明洪武年间官家为制作贵州安顺市文庙大成殿前的透雕盘龙柱，曾张榜悬赏招募工匠。来应聘的一位老石匠拿出一个石算盘，另一位苏姓的中年石匠提出一个石雕鸟笼，"笼丝似篾，细如筷尖；笼中还有一只石画眉在引颈高鸣，鲜活欲飞"。据说安顺龙柱就出自苏石匠之手。⓬

在广东开平，传说康熙年间有一石匠和一木匠斗技，石匠的作品便是"石鸟笼，笼中有一只画眉鸟在引颈鸣叫"。⓭

流传于山西高平的"张壁石匠"故事说，朝廷为造一座逍遥官在民间选拔能工巧匠，工匠们应试的题目有石算盘和蝈蝈笼子。第一个石匠交来"一面十三档的算盘小巧玲珑，珠子拨拉起来，啪啦有声，架框上还精工细雕了些花鸟"。第二个石匠雕的蝈蝈笼子更精彩,"竹笼儿,连竹节都能看出来,稀罕的是笼里插了一朵瓜花,一截大葱,水灵灵的,像有露珠儿聚在上头,那蝈蝈伸腿展翅的,长长的须似乎在翘动"。❹

1976年10月被毁的河北巨鹿"皇恩四世"牌坊也有石算盘和石鸟笼的传说。❺

…………

看到这些,我们不难得出结论:庵上石算盘和石鸟笼的故事纯属虚构,同样,石匠被毒酒害死的情节也是子虚乌有。这类无形的故事流布范围之广,实在令人吃惊。

类似的例子并不罕见。例如,2005年,龙应台在《请问雅典在哪里?》一文中讲了一个故事:

> 一个来自没水没电的山沟沟里的人第一次进城,很惊讶看见水龙头一扭,就有水流出来。很惊讶看见墙上的灯泡,一按就有光。于是他设法取得了一节水龙头和一个电灯泡。回到家里,将灯泡粘到墙上,将水龙头绑在棍上。结果灯不亮,水也不出来。❻

郑鸿生发现,在"二战"后的欧洲、以色列都有与之大同小异的故事。在台湾地区,这故事甚至成为政治宣传的工具。他指出:"我相信在世界其他各地,只要有着这么一种'文明与落后'纠结的地方,譬如拉丁美洲、非洲、东南亚等,就会有各种版本的水龙头故事在流传。这些多元的水龙头故事在当地到底是否真有其事,已经不重要了。重点在于,它已建构出来的普世性故事,既可用来说明教义的深奥,更可用来讪笑对手的落后。"❼

石算盘、石鸟笼的故事没有像水龙头的故事那样与复杂的意识形态和政治角力产生瓜葛，但在流传中却增加了物质性的依据，人们将那些实实在在的石雕作品，当作这些"无形的"故事之"有形的"化身。在口述的接力中，各地留存下来的古代石雕作品成了这些故事停泊的驿站，这些故事一旦在一地驻足，当地的人们便会尽力挽留它，将情节"拴"到那些图像上，然后，再抹去它们来时的踪迹，使我们无从考证谁是这类故事的初创者。这些情节会和先期或后来到达此地的其他情节会合，不露痕迹地组成新的故事。当地的图像为这些外来的故事颁发了新的身份证，使其具有了合法性，听上去无比真实，而有形的图像也成为人们祖祖辈辈继续讲述这些新故事的理由。时间一长，这些新故事便转化为人们心目中的历史。

至于人们为什么将庵上牌坊和兖州牌坊扯到一起，仍是一个不解之谜。一种可能是，的确有某位走南闯北、见多识广的人士曾经亲眼看到过两地的牌坊，并就此做了一番比较。他睹物生情，心潮澎湃，回头向第二个人声情并茂地介绍其见闻时，就顺口说出了这个故事。第二个人向第三个人的转述依然绘声绘色，故事的情节因此更为生动而圆满。某一天，另一位富有才情的人索性从故事中提炼出那句民谣，民谣反过来又成为故事的"关键词"和"提示句"，因为朗朗上口，便于记忆，民谣便带动着故事，流传得越来越广。当然，还有另外一种可能，那就是，故事的一些片断很早以前就在其他地区流传开了，亲眼见过两地牌坊的人，只是花了汇集和改编的工夫。

庵上坊的故事实际上是一个历史与艺术的混血儿，一些片断与史实相符，而另一些片断来自他乡，或者在当地虚构出来。这不同的基因混合起来，水乳交融，浑然一体。我们虽然可以知道其中某些基因的来源，但是，我们无法判断其身世的部分更多。例如，李克勤、李克俭兄弟的姓名，竟然与马若愚、马若拙的名字对仗，是否为聪明的好事者所为？⑱那位为牌坊书丹的书法家名曰单兰亭，竟与中国书法史上名品中的名品、传为东晋王羲之所作的《兰亭序》重合在一起，世上真有这等巧事？我们还能相信的确曾有一场给马家带来厄运的雨吗？还能相信王氏来自诸城县北杏村，相信她的父亲做过翰林吗？

虽然只过了一百八十九年，那些发生在牌坊之前的一切就已经变得模糊不清。但

图 76　安丘农民程之元以整块石头雕成了一个算盘

石算盘，石鸟笼

是，可以断定的是，先建起了马家的牌坊，庵上才有了石算盘、石鸟笼以及石匠被毒死的传说。正是由于牌坊的建造，才出现了之后的种种故事和文字。

这些故事和文字衍生、变化，本身也构成了一种历史。这种历史具有惊人的能量，它与今天密切相连，并不断拓展出新的情节。例如，在最近所报道的新闻中，一些离奇的故事变成了事实。据称参加"首届全国青年民间工艺品制作大赛"的山东选手徐振宝以一个石算盘入围。[19] 山东南部沂南县许村六十岁的村民毕延安的作品则有更深入的报道，他所制作的一个石算盘长 42.5 厘米、宽 22 厘米、高 5 厘米，净重 6.25 千克。毕师傅为了制作这个石算盘，竟然耗去了二十七年的光阴。[20]

沂南与安丘只有沂水一县相隔，我们不知道庵上坊的传说是否在当地流传。但是，的确有同样的作品与庵上坊的故事产生了直接联系。五十岁的村民程之元家住安丘刘家尧镇，在这一带也流传着庵上坊的传说。老程以李克勤、李克俭兄弟为榜样，从五年前开始刻苦工作，决心使李氏兄弟的绝活儿再现于世。前两次试验都没有成

105

图 77　江西新干大洋洲商代墓葬出土羽人玉佩饰

功,三年前,他开始磨制第三个算盘。经过努力,这个石算盘终于在 2005 年底大功告成。这个算盘长 22 厘米,宽 11 厘米,厚 2 厘米,重 0.8 千克,比毕延安的作品更加精妙。就像故事中所说的那样,算盘用一块石头雕成,算盘轴与算盘珠之间滑动自如(图 76)。❷

毕延安、程之元等能工巧匠将传说中的绝活儿变成了现实的作品,这种事情似乎并不是最近才出现的,有报道说,有些地方过去确曾有过石算盘和石鸟笼的实物存在。如湖南长沙望城县丁字镇龙潭寺据说就曾有石狮、石案、石算盘、石鸟笼等石雕,这些珍贵的作品毁于"大跃进"时期。❷ 南京市东郊麒麟镇窦村一些村民家中甚至现在还保存有石书、石算盘等罕见物件。❷ 至于有人提到的一块石头雕成的石环，这类作品在历史上也不鲜见。目前所知年代最早的一例是江西新干大洋洲商代墓葬中出土的一件小型的玉雕羽人，羽人背后的一条小链子，就采用了这样的工艺（图 77）。❷

我们不知道历史上最早出现的是神奇的传说，还是那些巧夺天工的作品，但可以肯定的是，这些作品的成功，会支持着那些传说进一步扩散，并且可以使人们对故事里的各种情节深信不疑。记者们对于这类新闻有着持续的兴趣，他们的报道满足了人们的好奇心，许多读者会兴奋地将这些故事讲给其他的人听，于是，这些事实就会再次从文字转化为口头的故事，与旧的故事一起流传下去。

注释

庵上坊

❶ 见周庆武 1996：页 126~127。

❷ 见马萧萧 1963：页 168。

❸ 其实，故事和民谣的"互证"关系原本并不存在，民谣的这个"源头"应是周庆武追加的。

❹ 马炳烈的文稿直接舍弃了"天下无二坊，除了兖州是庵上"的民谣，恐怕也是出于同样的原因。

❺ 关于这一点，我们在马萧萧的长诗《石牌坊的传说》中可以找到根据，详第八章。

❻ 高崖村原属安丘县，1948 年划归昌乐县。（见山东省安丘县地方志编纂委员会 1992：页 57。）

❼ 2006 年 2 月 1 日秦德生先生口述。

❽ 见樊英民 2005：页 197~204。

❾ 见 Ernst Boerschmann 1982, frontispiece p.65; 恩斯特·柏石曼 2005：页 42~43。

❿ 这一说法也见于文字，见李行健 1991：页 62~63。

⓫ 见石永顺、唐杰 2004；金其桢 2002：页 140~141。

⓬ 丁艾:《中国第一柱安顺龙柱》，http://www.cppcc.gov.cn/rmzxb/bczk/200407180071.htm

⓭ 关干城:《石匠与木匠斗技》，《江门日报》2004 年 10 月 22 日，转引自 http://www.jmnews.com.cn/c/2004/10/22/08/c_414002.shtml

⓮ http://www.sxgaoping.gov.cn/tour/story/s5.htm

⓯ http://www.julu.cn/julu/text.jsp?channelId=news_commerce&infoId=749

⓰ 转引自郑鸿生 2006：页 9。

⑰ 同上：页 10。

⑱ 在民间，人们常把一些工程附会到某位著名工匠名下，如河北赵县隋代赵州桥被认定为鲁班所造，就是一个著名的例子。

⑲ http://www.ccyl.org.cn/vips/2004/tblf4.htm

⑳ 黄冠杰、胡德时：《27 年磨一石算盘的奇人》，《厦门日报》1999 年 8 月 24 日，转引自 http://www.66163.com/Fujian_w/news/xmsb/sb/990824/gb/shxz3.htm

㉑ 见王志德、刘炳文 2005。该报道称程之元为潍坊人，实为潍坊市所辖的安丘刘家尧镇人。本书所记该事件更详细的情况，来自该文作者之一刘炳文先生的介绍。

㉒ 岳冠文：《长沙七村镇角逐"省级名镇"要发掘并延续历史》，《东方新报》2004 年 2 月 20 日，转引自 http://news.sohu.com/2004/02/20/99/news219139980.shtml

㉓ 见毛云章 2003。

㉔ 见中国国家博物馆、江西省文化厅 2006：页 312~316。

第七章

后跟—后根

其实,并没有人亲眼见过李克勤、李克俭兄弟雕出的石算盘和石鸟笼。如上文所说,他们之所以相信这些故事,是因为庵上坊的雕刻确实精彩。十里八乡的人们面对牌坊上的雕刻评头论足,使得这座由私人出资、为私人而建的牌坊变成了公共财产。因此,牌坊就不可避免地处在了一种社会关系之中,王氏、马若拙、石匠,以及当年和后来形形色色的观者,都会牵扯到这一关系之中。

马家必须慎重考虑如何引导和操控公众对牌坊的议论。假设马若拙完全出于一片诚心而为其嫂子建造一座纪念碑,那么,他就可以在牌坊上安置王氏的肖像,或者用一些独特的场景和象征性图画来颂扬王氏的德行。但是,这种设计必然要面临种种潜在的危险:谁能保证那些叙事性的场景不会将这个家庭的私密泄露于大庭广众?谁能保证人人都对王氏的肖像满怀敬意?谁能保证这种肖像不会被仇家利用而成为巫蛊的偶人？谁又能保证那些含义独特的象征性图画不会被人们误读？

看来，只有那些家家都能采用的、人人一看就懂的图画最为安全。熟悉这些流行性图画的，不是出钱建坊的马若拙，而是那些石匠。从以学徒的身份进入一家作坊开始，石匠靠着出众的天赋、勤勉的劳作以及谦卑的态度赢得前辈的信任，得到他们的口传心授，从而掌握那些祖祖辈辈流传的画样和秘不示人的口诀。这些画样大都充满喜庆、吉祥的含义，曾被使用到很多地方的建筑上，经受过世人苛刻的推敲。

但是，如何依靠那些千篇一律的题材创作出天下无双的作品呢？石匠所面临的任务，就是尽力将那些在内容上没有什么特色的画面雕刻得精妙、再精妙，以至于无与伦比，天下第一！所以，评判一位石匠手艺优劣的标准，不在于他能否创作出新的题材，而在于如何以更独特的风格和更高超的技艺来表现传统的题材。胜利者将是那些能雕刻出石算盘和石鸟笼的匠师们。

庵上坊的四季花卉和太师少师、父子拜相、六合同春等画面，全都是毫无争议的选择。在民俗学家那里，这类寓意喜庆福善的画面被称为"吉祥图案"❶，但实际上，它们已经超出了美术家所说的"纹样"或"图案"的范围。这类图像是一种画谜，它的谜面十分具象，甚至可以采取相当写实的风格，乍一看，就是一幅花鸟画、山水画或博古图，但借助谐音转换出来的谜底则可能是一个抽象的概念。这个概念无不与喜庆祥和、趋利避害的祈愿有关，人们揭开谜底，吉祥图案就被"翻译"为一句吉言。一位粗通文墨，甚至不识字的人，通过简单的训练，便可以掌握这种"翻译"技术。这种看画的方式与相面术颇有些异曲同工，二者都是将视觉感受转化成一个可以用文字或口头语言来表达的结论。这样的吉言，就像是在寺庙神像前的竹筒里隐藏着的一个上上签，这个签被抽出来，观众高兴，马家也会满意无比。如此一来，图像便获得了一种魔力。

这些画谜在吸引观者的同时，也必须培养出观者解读图像的能力，一个不能被破解的画谜是没有任何意义的。但是，对于观者来说，如何把握理解画面、解释画面的分寸，却是个十分复杂的问题，有时候，过度的解释也常常出现。例如，在牌坊

"风竹"一图中,那些摇曳倾侧的枝叶的确可以说明风的存在;而在所谓"雨竹"一图中,却并未刻画出雨点,只是在竹枝上部有一些缭绕的云气。这种定名或许符合石匠的原意,或许是观者的附会。对于两幅竹子的解释出自当地一些读过书的人,这很可能和他们的知识背景有关。郑板桥在潍县期间的题画诗文中,就多次涉及风雨中的竹子。❷ 如,"衙斋卧听萧萧竹,疑是民间疾苦声;些小吾曹州县吏,一枝一叶总关情"。又,"轩前只要两竿竹,绝妙风声夹雨声;或怕搅人眠不得,不知枕上已诗成"。他们的解读依据或许并不是直接来自画面,而是来自类似的文字。可是,当这些富有想象力的人们在兴致勃勃地议论时,却完全忘记了一个重要的问题:根据当地的传说,正是一场雨为马家带来了厄运,马家怎么会在牌坊上把风和雨表现得如此富有诗情画意?

更有甚者,观者滥用"读图术",还会使得那些本来没有什么争议的画面的含义走向反面。这是马家和石匠们事先未曾预料到的。

牌坊正间两门柱内侧有一对浮雕的门神,身着盔甲,手持金瓜锤,头顶上方刻有一只蝙蝠(图78~80)。蝙蝠是"福"的象征,这些蝙蝠头向下,意为"福从天降",而与门神结合起来又寓示"福气临门"。门神的形象使得牌坊在很大程度上又回归到其原始功能——门。安丘当地的一首民谣清楚地揭示出这类门神的含义:

  门神护爷本姓秦,腰带大刀把宝门。
  白日把门门前站,夜晚把门绕宅巡。
  邪魔鬼祟不让进,叫那增福老爷来进门。
  增俺金,增俺银,增得儿女一大群。
  增得儿子高官做,增得孙子中翰林。❸

在天津杨柳青年画画诀中,有一首《武扮架赞》,也是描写门神秦琼的歌诀。如

图 78 "金盔金甲淡黄袍,五股攒成绊甲绦。
　　　 护心宝镜放光毫,狮蛮腰带扎得牢……"
　　　 (庵上坊正间南柱北面浮雕门神)

图 79 "沙鱼鳎尾护裆口,战裙来把膝盖罩。
　　　 红甲上衣绣云朵,五彩战靴足下套……"
　　　 (庵上坊正间北柱南面浮雕门神)

庵上坊

果说前面一段民谣在说"画什么",这段画诀便是说"怎样画"。画诀的文字简直是对庵上坊门神的直接解说:

　　　　金盔金甲淡黄袍,
　　　　五股攒成绊甲绦。
　　　　护心宝镜放光毫,
　　　　狮蛮腰带扎得牢。

　　　　沙鱼鳎尾护裆口,
　　　　战裙来把膝盖罩。
　　　　红甲上衣绣云朵,
　　　　五彩战靴足下套。

　　　　描金箭壶挂中腰,
　　　　金铜一把逞英豪。
　　　　威风凛凛杀气高,
　　　　妖魔愁来鬼见逃。

　　　　脸如敷粉白面貌,
　　　　天庭阔来地阁饱。
　　　　通天鼻梁颧骨高,
　　　　剑眉凤目威严好,
　　　　五绺墨髯挂嘴梢。❹

图80　拓片

114

光绪十一年（1885年）十二月的《点石斋画报》上刊登了一幅题为《贞节可贵》的图画（图81），其中金甲神人的含义与安丘民谣"儿女一大群""儿子高官做""孙子中翰林"的说法吻合。图中的文字说：

　　襄阳之赊店镇有某姓，姑媳两代皆孀居。媳有姿，人涎之，而以遗腹故誓死不肯他适，因与姑同寝处。一日，媳在睡乡忽见有金甲神人二，耸立榻前，遂寤。生乃一男。姑梦中亦见神自房内出，向祖堂作礼而去。次日，外间喧传，金谓佳兆。或曰此事颇涉荒诞，然而苦节之贞，神灵为之默佑，天道有可信，即人事不必力辟其诬也。故图之以为守节者劝焉。❺

这样的美梦，不知可曾出现在庵上马家婆媳的脑海中？然而，庵上人对牌坊上门神的解释却与安丘民谣及襄阳的故事截然相反。他们不甘心将谜底停留在"福气临门"之类的答案上，对他们来说，这样显而易见的寓意未免过于小儿科。由牌坊上其他图像训练出的破解画谜的"法术"突然失去了控制，他们说：

这两个门神没有后跟！

"后跟"即"后根"。按照这一说法，石匠通过门神奇怪的样式暗示了马家没有子孙！❻

也许石匠并不是存心要对雇主有这样恶毒的诅咒，他们只是在表现这一传统题材时，因为透视的需要，对细节做了少许调整。北侧的门神基本为正面，石匠将其远处的后跟比近处的脚尖略略抬高了一点儿（图79、图82）；南侧的门神为侧面，近处的右脚脚尖低，脚跟高，远处的左脚脚尖高，脚跟低，以表现站立时两脚尖外分的效果（图83）。❼门神的脚底不在一条直线上，其背景空空荡荡，脚下也没有一条表示大地的横线，所以，乍看上去，他们的确有点儿像是被"悬"在了空中。❽

我们可以对照一下潍坊杨家埠年画中的门神。❾这些年画中"秦琼敬德""神荼郁垒"等门神题材最受当地村民欢迎，是他们过年时常常选购的作品（图84）。杨家埠

图81 襄阳赊店镇的婆媳皆是守节的孀妇，一天晚上，身有遗腹的媳妇梦见两位金甲神人立于床前，后生一男孩。时人认为梦见金甲神人，是生男的吉兆。在安丘当地歌咏门神的民谣中，也有相似的观念

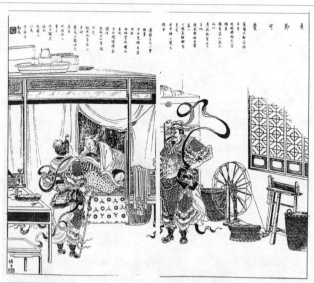

图82 人们说：这两个门神没有后跟

图83 "后跟"即"后根"。按照这一说法，石匠通过门神奇怪的样式暗示了马家没有子孙

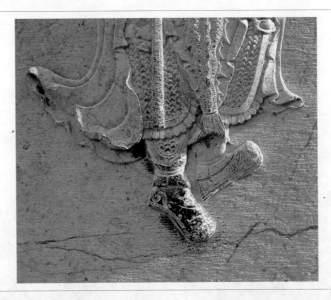

门神构图饱满，神人背后和脚下并无多大空白。习惯了这种构图的庵上人，再看牌坊上"悬"起来的门神，难免会有些异样的感觉。

人们说，当年在建造牌坊时，马家并没有给李氏兄弟足够的工钱，所以，石匠们才在牌坊上做了手脚。⑩小心地侍奉雇来的匠师，是山东民间悠久的传统，⑪马家由于违反了这种传统，所以遭到了报复。这些栩栩如生的作品可以为一个家庭带来吉祥，反过来也具有致命的杀伤力。⑫

与石匠被毒死的故事一样，这样的情节也反映出了东家和石匠之间的矛盾。为支持此说，人们还指出另外一些细节，如那些头向下的蝙蝠，看上去似乎是"福从天降"，实际是"福倒（到）了头"（见图37）。又如，顺着两个门神向上看，在柱身内侧承托铁梁处，是一对展开的荷叶（图85）。"荷"谐"和""合"之音，这个细节原来同样有着吉祥的含义。但人们又有了这样的疑问：

像纸一样薄的荷叶怎么能够托住一根沉重的铁梁呢？

图 84 杨家埠年画《神荼郁垒》

庵上坊

118

按照《牌楼算例》的说法,这个部位通常要装饰"云墩"——一种刻有云纹用于承托雀替的构件(图86)。⓭但庵上坊以荷叶代替云墩,也并非别出心裁的创举,在北方民居"如意门"的雀替下,就有装饰"荷叶墩"的做法(图87)。⓮

庵上坊并没有因为两片轻薄的荷叶而垮掉。人们说,垮掉的是建造牌坊的马家,牌坊建成后,马家就破产了,不仅如此,马家这一支也没有延续下去。

实际上,人们对图像的这种解读在《支谱》中得不到任何支持。马若愚与王氏的确无子,而马若拙跟第一个妻子婚后近二十年的时间里也没有孩子,无子的烦恼确曾是马家的一块心病。但是,后来马若拙的继室和侧室先后生了五个儿子,他们还把其中的马伯元过继到马若愚的名下,以延续其兄嫂的香火。虽然马伯元享年只有三十六岁,但他也生了自己的儿子马延均。马伯元还担任了候选州吏目——一个可能是花钱买来的虚衔。至少到马伯元的时代,马家仍有一定的实力。

认为石匠在其作品中埋藏了恶意的预言,并不是庵上人的发明。在单县百狮坊的故事中,东家毒死了众石匠,却有一位徒弟死里逃生。为了报仇,他悄悄将百狮坊上的雄狮都凿成雌狮,以此诅咒东家断子绝孙。⓯

民间普遍认为石匠和木匠具有凶险不祥的魔力。这种例子很多,如孔飞力(Philip A. Kuhn)所研究的乾隆三十三年(1768年)发生在浙江德清的"叫魂案"就是最为典型的一例。传说维修县城水门和城桥的石匠为了增加大锤的力量,将写有活人姓名的纸片贴在了木桩的顶部,而那些被写了名字的人精气被窃,非死即病。政府官员调查后断定,这是毫无根据的谣言,但这一传言竟然造成了一次蔓延到许多地区的大恐慌。⓰

在今天陕北农村,人们依然相信石匠懂得法术,他们说,如果在箍窑洞的时候石匠的手指不小心划破,血沾在石头上,那么这块石头就不能再用。否则,住在窑洞中的人就会生怪病死去,或者没有后代。通常石匠不会故意使用这种石头,除非他和这家人有仇。有一次,有个石匠偷偷地用布包了些头发放在窑洞顶上的两块石头中间,

图 85　像纸一样薄的荷叶怎么能够托住一根沉重的铁梁呢

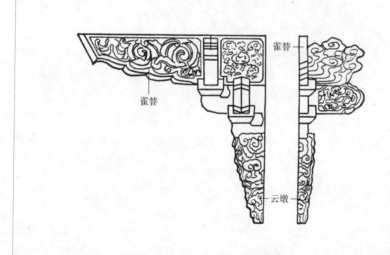

图 86　云墩与雀替

图87 "如意门"与"荷叶墩"

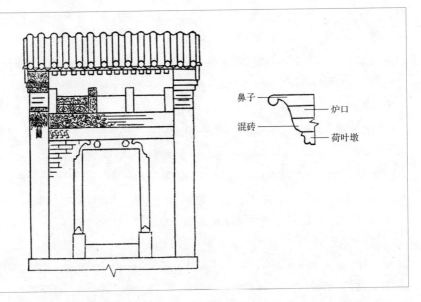

结果主人得了病。后来，主人请了一位法力更高的石匠施加了更致命的法术，致使先前的石匠一命呜呼，主人才得以康复。[17]

孔飞力提到，当时流行的《鲁班经》一书就包含有各种恶毒的符咒，[18]同时也有对付坏木匠的符咒（图88）。孔氏的解释是，人们相信建筑和风水相关，因此，工匠就可以在建筑中施加好的法术，但同时也有本领施加坏的法术。[19]

安丘当地人也认为，"窑匠"（即泥瓦匠）会施"眼羔"。所谓的眼羔，据说是在师徒之间秘传的一本书，可能与《鲁班经》同属一类。窑匠将眼羔放在身后，翻开哪一种即施哪一种。这些眼羔既能使主人暴富，也会使主人家道败落。但有的时候，窑匠也会因为"反施了眼羔"而自己倒霉，据说王家庄镇阎戈庄的一个窑匠就在施眼羔时将自己的一只眼弄瞎了。[20]

房屋的风水直接与家族的兴旺密切联系在一起，而门的设计尤为重要。在《鲁班经》卷三的"相宅秘诀"中，有十几张图和"诗"相配，详细讲解了门在位置、高度、形制、数量、材料、施工质量等方面的错误可能给一个家庭带来的灾祸（图89）。㉑安丘某村的一户村民为了生一个男孩，曾按照风水先生的建议，将院子的大门连续更换了三个位置。而庵上马家有关子孙的问题，同样是出在了"门"上。

那些身怀绝技的石匠，一半是建筑专家，一半是术士。这让我们联想到西汉武帝时期从东方的燕、齐进入宫廷的方士们。如以"鬼神方"骗取了汉武帝信任的齐人少翁，他为皇帝求仙所做的实际工作除了设计一辆"云气车"外，还在都城长安的西郊建造了甘泉宫，"中为台室，画天、地、太一诸鬼神"㉒。另一位方士公孙卿则以"仙人好楼居"为由，在长安设计建造蜚廉桂观，在甘泉宫建造益延寿观，还建造了一处通天茎台，以"将招来仙神人之属"。㉓比起绘画和雕塑来，建筑是更为综合性的艺术形式，正可以展现这些方士们超凡的创造力。

像汉代的方士一样，建造庵上坊的石匠也来自外地。㉔人们相信"外来的和尚会念经"，此外，对于乡间的百姓来说，"外地"是另一个世界。就像汉代方士们所说的那样，其靠近大海的故乡，距离皇帝梦想中的仙境不远。另一个世界无限美好，这些石匠就是来自那个世界的使者。

据说，李克勤、李克俭兄弟是扬州人。㉕安丘当地的人常将这些南方人称为"南蛮子"，这个称呼含义较为复杂。乡间人多认为"南蛮子"擅长很多专门的技术，特别是会看风水，是所谓的"地理先生"。当地流传的一些故事，常常说到某一家庭因为地理先生的帮助而兴旺起来。近些年，来安丘务工的南方人多起来，他们精明能干、吃苦耐劳，得到了安丘人的尊重。

另一方面，正像"南蛮子"一词字面上所具有的贬义一样，这些外乡人往往因为文化的差异而受到当地人不同程度的敌视，例如，对有些人来说，南方人难懂的方言是难以容忍的，他们把说这种话称作"撇腔"。㉖同样，南方人看风水的技术也会走向反面，不止一个故事讲到当地的某座山峰或建筑被"南蛮子""破了风水"。

除了看风水，石匠的魅力更多地表现在他们的作品中。诸如石算盘、石鸟笼等绝活儿，简直是石匠们实施的魔法。这些作品也是石匠在同行中竞争的资本，在马家的

图 88　人们相信从事建筑的工匠可以在建筑中施加好的法术，但同时也有本领施加坏的法术。明清时期民间流行的《鲁班经》一书包含有各种恶毒的符咒，同时也有对付坏木匠的符咒

图 89　门的设计极为重要，《鲁班经》详细讲解了门在位置、高度、形制、数量、材料、施工质量等方面的错误可能给一个家庭带来的灾祸

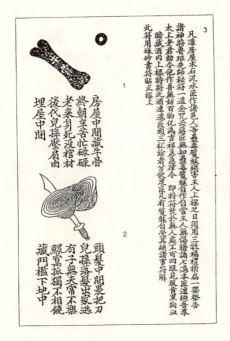

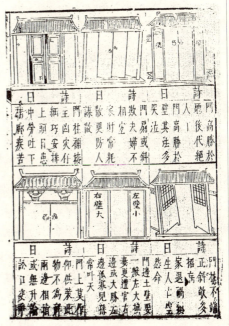

工程"招标"时，李氏兄弟凭借着这些绝活儿取得了胜利。上文提到的广东开平的传说中，石鸟笼就成为一位石匠和一位木匠斗法的利器。匠师斗法的故事，至少可以追溯到唐代。唐代佛寺中的壁画通常由多个画家共同完成，如王维、郑虔、毕宏在长安慈恩寺中各绘一堵壁画，"时号三绝"。㉗据说当9—10世纪的艺术家景焕在成都应天寺山门左壁看到唐代画家孙位所画的天王像时，他"激发高兴，遂画右壁天王以对之。二艺争锋，一时壮观"。㉘类似故事，在明清时期也不少见，如传说山西隰县明清时期大西天和小西天两座寺院的塑像就是匠班竞技的作品。㉙对于观者来说，他们也会对一些作品进行比较，想象出其创作过程中匠师们彼此竞争的精彩场景。而"天下无二坊，除了兖州是庵上"之类的民谣，像是一种经过比较研究后得出的结论。这些点化顽石的高超技艺，也使得人们相信石匠掌握着某种法术。

  石匠们身处在一种商品关系中，他们出售自己的作品，雇主们则提供金钱和饭食，因此石匠与东家之间极易产生矛盾。庵上的故事说，东家欠了石匠的钱，单县的故事甚至说，石匠遭到了东家的暗算而丧命。当地人同情石匠，而石匠埋在牌坊中的诅咒，也令他们感到解气，所以，人们始终对那些图像的细节津津乐道。如果将这些有趣的情节缀合在一起，我们就会触摸到石匠跟雇主之间一种紧张的关系，或者至少可以说，这是当地人的解读赋予牌坊的一种戏剧性冲突。

  这种解读的背后，除了文化传统，还应当有着特殊的历史背景。在嘉庆和道光年间，安丘一带天灾不断，这必然会使普通村民的生活更加贫苦。如前所述，庵上马家的势力大约是在嘉庆十五年（1810年）马宣基死后马若拙当家时发展到高峰的。根据《安邱新志》等文献的记载，㉚这一时期除道光四年（1824年）"秋有大年"外，在其他的年份，厄运居多：

  嘉庆十五年（1810年）秋多雨。

  嘉庆十六年（1811年）春旱饥，秋多雨。

  嘉庆十七年（1812年）春饥。由于上年的大雨成了水灾，三月初三（1812年4月13日）缓征安丘等二十八州县上年水灾新旧额赋（《仁宗实录》，卷二百二十五，页 4）。四月初四（5 月 14 日）圣谕，"山东省上年登莱等处地方歉收，……总由山东地方关于抚恤事宜，全部认真经理，以致灾黎流离远徙"（《仁宗实录》，卷二百五十六，页 516）。五月十六日（6 月 24 日）展缓安丘等三十九州岛县及三卫所上年水灾虫灾旧欠额赋漕项，并民佃正耗银（《仁宗实录》，卷二百五十七，页 17~18）。八月二十八日（10 月 3 日）缓征安丘等五十三州县三卫水灾旱灾新旧漕粮额赋（《仁宗实录》，卷二百六十，页 29~30）。冬大寒。

嘉庆十八年（1813 年）正月初二日（1813 年 2 月 2 日）贷安丘等十八州县贫民籽种（《仁宗实录》，卷二百六十五，页 2）。㉛春大饥，秋有警（河南滑县，山东曹县、定陶、金乡教徒滋事。安丘戒严）。

嘉庆二十四年（1819 年）十二月，大雨，河水泛溢，桥梁尽坏。

道光元年（1821 年）八月大疫。

道光七年（1827 年）三月地震，六月大热，如焚者十余日。

道光九年（1829 年）十月地震。

此后，自道光十二年至十八年（1832—1838 年），"每年旱涝不均，连年饥馑"。十九年（1839 年），更是"饿殍满野，流亡相属，卖妻鬻子者，更仆难数"。在这样的年月，百姓的生活状况可想而知。除此以外，吏治腐败，盗贼横行，更使得各项矛盾日益加重。嘉庆二十年四月三十日（1818 年 6 月 3 日）新调山东巡抚和舜武得旨："山东最为难治，官吏疲玩，捕役养贼，民刁健讼，兵弁懈弛；而拽刀手、虎尾鞭、红胡子、盐枭各项匪徒，公然白昼拦抢，以致道路戒严，成何世界？尚有待时而动之邪教隐跃其间，每思及此，寝食不安。……"㉜

与此同时，马家势力却在迅速扩大，与周围百姓的境况形成鲜明的对照。我们不知道马家如何获得了大量田产。在清代，无论租佃地主还是经营地主，都会将大量的钱财用于扩充土地。根据山东章丘东矾硫村经营地主太和堂的李家自乾隆二十六年（1761 年）至光绪三十一年（1905 年）土地文契的统计，该户地主所占有的大量土地都是靠在本村和附近村庄的村民歉收，或遇到疾病、婚丧等急需用钱的情况下买进的。㉝ 马家田产的扩张，或许也伴随着本村及附近村庄其他地主和自耕农的破产。在这种背景下，产生"后跟"的说法，很有可能是因为马家的势力对周围百姓产生了负面影响，导致了当地村民们的愤恨与不满。

关于石匠的浪漫传奇有着持久的吸引力。流传在山东的另一个故事说，一位财主的儿子患了绝症，为了"冲喜"，他安排儿子跟邻村一位财主的小姐结婚。但那一家舍不得让亲骨肉为彼此的交易做出牺牲，就偷偷用丫鬟替换了小姐。但替身新娘刚过门，新郎就一命呜呼了。为了面子上过得去，两家决定为不准备再嫁的节妇修座牌坊。在施工过程中，奇妙的事发生在了孀妇身上。第一年，她沮丧而憔悴，活像丢了魂。第二年，她逐渐容光焕发，村民猜想她或许已经认命了。第三年，牌坊在财主家门前立了起来，但在举行落成典礼时，孀妇却不知去向。她跟石匠私奔了！㉞

另一个小故事也有相似的情节。三十五岁的孀妇马氏自十五岁开始守寡，一直没有再嫁。但就在为她修建贞节牌坊时，长期忍受孤独和压抑的马氏从充满活力的石匠身上找到了自己新的生活。故事以二人的私奔和牌坊的倒塌而告终。㉟

财主害死石匠、节妇与人私奔，从牌坊衍生出的这些情节不仅颠覆了牌坊"助人伦，成教化"的宣言，而且充满了对富贵人家道德水准的怀疑，叛离了崇高的"贞节"观念。这样的局面，马若拙们做梦也想不到。

注释

❶

例如张紫晨主编《中外民俗学词典》就收录有"吉祥图案"条（见张紫晨 1991：页 199）；一本题为《吉祥图案》的书（未具作者）收录有吉祥图案近四百种。

❷

见周积寅、王凤珠 1991：页 234、249。

❸

见王君政、王振山 2005：页 396。

❹

见王树村 2003：页 47。

❺

《点石斋画报》：丙十二，页 92，第 34 号，光绪十一年（1885 年）十二月。

❻

今天的研究者认为这一说法过于离奇，多不予以采信。故此说很少见于介绍庵上坊的各种文字。诗人马萧萧也曾听到这一说法，他写道："传说：马家为了刻这座牌坊，倾家荡产，牌坊刻成了，这家也穷了。还传说：坊柱内侧刻的两个人（叫不上名称，似是仪仗、武将）都没有脚后跟，是主着坊主无后。"（见马萧萧致郑学信函）。此说也见于今庵上坊院内展室刘琳编辑的图片解说词。

❼

1960 年毕业于山东艺专美术系的画家郑学信显然很理解石匠的造型技巧，所以他在文章中未采用民间对门神的解读。见郑学信、贾德民、徐新华 1988：页 186。

❽

庵上坊院内展室刘琳编辑的图片解说词详细说明了人们对门神细节的解释："大门两侧的门神，若神则驾云，如人则踏地。工匠却让神吊在半空中，给人一种不祥之感。"

❾

杨家埠木版年画大约从明代中叶开始生产。安丘城乡的年画，几乎全部产自杨家埠，或者画版来源于杨家埠。关于杨家埠年画历史的讨论，见郑金兰、顾长法、王建伟、王汝凯 1988：页 19~37。

❿

这一说法也见于庵上坊院内展室刘琳编辑的图片解说词："石坊从设计到建成，用了十四年的时间，马家每天要付出的银钱为三筐（一筐能装土为三十斤）。据说当年马若拙没能想到此坊如此耗费巨大，……年长日久马家渐渐不堪其负，对工匠的照应不如从前周到。"

⓫

早在两千年前的汉代，小心地侍奉雇来的工匠，就已经是山东乡间的习俗，如 1934 年东阿县铁头山出土东汉永兴二年（154 年）芗他君祠堂石柱题记中，说

127

到孝子们雇用石工为父母建造祠堂的经过时称:"朝暮侍师,不敢失欢心。"(见罗福颐 1960:页 178。)

⑫ 钱锺书注意到:"手笔精能,可使所作虚幻人物通灵而活,亦可使所像真实人物失神而死。两说相反相成,并行不悖。"他对于"画杀"问题的讨论,见钱锺书 1979:页 716~718。

⑬ 如明十三陵的牌坊就是一个实例,见刘敦桢 1933:页 56。

⑭ 见文化部文物保护科研所 1983:页 223。

⑮ 这个情节见于金其桢的著作(见金其桢 2003:页 141),但金著提到石匠在改变狮子的性别时不小心遗漏下一只雄狮。

⑯ 见孔飞力 1999。

⑰ 2006 年 1 月 22 日陕西省延安市延川县文安驿乡白家塬村樊荣荣讲述。该资料由中央美术学院研究生部 2005 级博士研究生余颖同学采访并提供。

⑱ 刘敦桢认为《鲁班经》现存最早的版本为明万历年间(1573—1620 年),而对《鲁班经》进行专题研究的鲁克思(Klass Ruitenbeek)则倾向于日本学者长泽规矩也的说法,认为现存最早的版本为崇祯年间(1628—1644 年)的,见:Ruitenbeek 1993: p. 118。另外,郑振铎也持后一种观点,见郑振铎 2006:页 143。

⑲ 见孔飞力 1999:页 143~146。

⑳ 见王君政、王振山 2005:页 116~117。

㉑ 见:Ruitenbeek 1993: pp.278~279.

㉒ 见《史记·封禅书》,页 1387~1388。

㉓ 同上,页 1400。

㉔ 石匠四处游走以招揽生意,这种传统至少可以追溯到汉代。例如 1964 年北京石景山区上庄村出土的东汉永元十七年(105 年)幽州书佐秦君墓表上有"鲁工石巨宜造"的题记,可知是山东鲁地工匠的作品。见北京市文物工作队 1964:页 22;邵茗生

1964：页 23。在山东汉代石刻中，可以找到许多"名工""良匠"的名字，有的来自外乡，如山东临淄出土的一尊东汉石狮的颈部背面有"雒阳中东门外刘汉所作师子一双"的题记（见鲁文生 2005：页 68）。出钱的东家往往喜欢向人们炫耀其工程雇用了最好的工匠，以表明东家的花费不菲。如山东嘉祥东汉元嘉元年（151 年）武梁碑提到祠堂等建筑工程时说："良匠卫改，雕文刻画，罗列成行，摅骋伎巧，委蛇有章。"（《隶释，隶续》，页 74~75。）类似的文字也见于嘉祥东汉永寿三年（157 年）安国祠堂题记："募使名工高平王叔、王坚、江胡、栾石，连车采石县西南小山阳山。琢砺磨治，规柜（矩）施张，褰帷反月，各有文章。"（见济宁地区文物组、嘉祥县文管所 1982：页 63、69。）与这种传统不同，李克勤、李克俭兄弟的名字并没有出现在牌坊上，而是被那些观者口口相传。

❷❺ ────────

根据庵上村八十一岁的老人马自礼（十九世）说，庵上坊是由安丘辉渠镇李家沟的石匠李克俭率领弟子建成的，后来，李克俭八十多岁时还领着两个小孙子到马家串门（此说由安丘市博物馆李景法先生 2006 年 11 月采访并提供）。但持此说者较少。

❷❻ ────────

这种厌恶的情绪甚至还会扩大到在外地生活和工作的同乡，如果他们带着一口外乡话回家，就会遭到非议，而"乡音无改"便会受到乡里的尊重。

❷❼ ────────

唐·朱景玄：《唐朝名画录·王维》，见何志明、潘运告 1997：页 90。

❷❽ ────────

见郭若虚 1963：页 150~151。

❷❾ ────────

见孙志红 2006：页 7。

❸⓿ ────────

见马世珍、张柏恒 1998：卷一"总纪"。

❸❶ ────────

以上《仁宗实录》的内容，转引自山东师范大学历史系中国近代史研究室 1984：页 795~803。

❸❷ ────────

《仁宗实录》卷三百四十一，转引自山东师范大学历史系中国近代史研究室 1984：页 906。

❸❸ ────────

见景甦、罗仑 1959：页 50~54。

❸❹ ────────

见羽衣 1950：页 19。

❸❺ ────────

见叶明山 1986：页 15~21。

第八章 故事新编

坚硬的石头常常与恒久、坚贞等概念联系在一起，一座用石头建造的牌坊会使观者联想到其背后那位孀妇的贞节。孀妇既然已经与人私奔，石牌坊垮掉就是必然的了。

与石匠的私情是讲述者为孀妇设计的一种选择，但讲述者却不必为此承担责任。来自外乡的石匠，不仅是另一个世界的化身，而且有着令人敬佩的才能和健壮的体魄。这一切，足以动摇孀妇守节的决心。"私奔"无疑是一个最为圆满的结局。人们设想着主人公已经"适彼乐土，爱得我所"，摆脱了世俗道德观的审判，甚至那道高悬的圣旨也失去了法力。说到私奔，讲述者难道不是在幸灾乐祸？或者脸上还有一丝得意微笑？

牌坊倒掉了，因为它与孀妇的操行紧密关联。类似的逻辑也出现在庵上坊的故事中，这是另一个说法：

　　王氏尚在人世时，牌坊就动工了。在修建过程中，有一根梁怎么也放不正。石匠们说，这是王氏心不正造成的。石匠让马若拙去追问他的嫂子是否有过非分之想，王氏只好承认在丈夫死后，她曾偷偷穿过一次出嫁时的红衣服。王氏坦白了真情，坊梁便放正了。❶

王氏偷穿嫁衣，说明她曾有再嫁的私念。以《支谱》的记载与牌坊上的题记相对照，我们可以确知，在牌坊建造时王氏已经故去，因此这样的情节纯属人们别有用心的虚构。这与其说是节妇本人的背叛，倒不如说是讲述者对守节可靠性的怀疑。或者说，这干脆是讲述者本人隐藏的反骨，借助故事流露了出来。

　　冬至月里霜成冰，奴的被窝冷呀冷清清。才待伸伸腿，冻得金莲疼，被窝里还有一些空儿。俺的天儿呔！

这样的曲调纯属想象却又被编织得合情合理，可以与王氏偷穿嫁衣的情节进行对读和互证。可以想见，感情的缺失和性的压抑，始终隐藏在孀妇们的灵魂和肉体中。要做一名节妇，就必须以相当的毅力抗拒外界的诱惑。

《小寡妇哭天》之类的小调模仿了年轻孀妇的口吻，但乡间的女子们却从来不会唱这样的小调。这首小调属于"酸曲"，其演唱者往往是一些男人。女人们害怕在演唱时进入角色，把自己转换成一位不幸的孀妇，而小调中那些直来直去的语言，也会让她们脸红心跳，不胜尴尬。这样的小调不能登大雅之堂，一位正经的男人也绝不会当着自己的父母或妻小唱这样的歌。男人们的戏台往往是田间地头或收工的路上，他们尖着嗓子模仿起女人的腔调，借以驱除劳作的疲惫：

俺的天儿吆！

男人们既是小调的表演者，又把自己设想成听众。声声的哭诉充满了性的暗示，而"被窝里还有一些空儿"之类的语句，则完全超出了暗示的限度。小调的潜台词是："你看，不是我要冒犯她，是她……"一种糟糕的情况是，有些无赖的小子，会边唱边向路过的女子挤眉弄眼。

当然，包装在小调外面的同情心，在很大程度上保护了演唱者本人的脸面。不仅如此，满脸泪水的年轻孀妇柔弱可怜，还为演唱者预谋一次"英雄救美"的行动提供了机会。为之四顾，他仍然是一位堂堂的男人。

但是，在道德和欲望之间，孀妇们无法如此灵活地选择和转换。

庵上坊的大梁放正了，也没有倒掉，王氏的时代却终于成了遥远的过去。

而今，人们再也不必借助离奇的故事去表达对孀妇的同情和对传统道德观的质疑。1996年，发表在山东《大众日报》上的一篇文章从五四新文化运动先驱"高擎科学和民主的大旗，深挖礼教的罪根"说起，又套用了鲁迅《论雷峰塔的倒掉》中的句型："庵上石坊的真景我也见过，并不见佳。"文章说："这只因为，石坊底下，压着一个屈死的冤魂。"❷

另一篇与庵上坊相关的文章言辞没有如此慷慨激昂。作者是21世纪的女性，她说："王女、马家、李氏兄弟、立坊的人、坊上的人，到最后都只剩了凄凉，哪个不是可悲而又可怜？但怎样的花只能开在怎样的土中，谁人能够逃脱时代的枷锁？"作者最后反问自己："而倘若我们一生下来就处在那个时代呢？——每位站在坊前的女子都一定会这样暗自发问的：倘若让我生在那时，我会成为牌坊上的这个女子吗？"❸

大约比这两篇文章早半个世纪，庵上坊引起了诗人马萧萧的注意。所不同的是，马萧萧的长篇叙事诗《石牌坊的传说》回避了与守节相关的是是非非，而借用了马家与石匠的冲突，并将这种冲突大大加以发展。

长诗的《序曲》开篇便是这样的民谣:

  天下无二坊,
  除了兖州是树苑乡! ❹

"树苑"是"书院"的谐音,诗中故事的原型就是公治长书院附近庵上坊的传说。❺

  每当冬天的夜晚,
  守着昏暗的灯光;
  老祖母摇着纺车,
  就这样一遍一遍的吟唱! ❻

  夜幕遮蔽了眼前的岁月,昏暗的灯光为回溯历史铺就了底色,纺车缓缓旋转,是故事的节拍。这正是多少年来庵上坊的往事被讲述时的情景。
  诗的第一部分节奏舒缓平和,一位被隐去姓名的老石匠从辽远的天地间走出:

  仙鹤飞在蓝天上,
  松柏长在高山上;
  有个没名姓的老石匠,
  也不知他家乡在哪方。❼

他是一个社会集团的化身,他的降生就像殷人的先祖契、周人的先祖弃以及基督一样神奇。这样的身世,预示着他注定成为一名殉道者:

  从小没见过亲爹娘,

都说是从石缝里养；
背着一副锤和錾，
走南闯北满风霜！❽

他随身的物品对于庵上人来说，是再熟悉不过的了：

褡裢里还装一个石算盘，
满盘的石珠儿刷拉拉转；
二十四个节气刻了一圈，
天上的星宿都刻全。

能当尺子量长短，
能当规矩定方圆；
天干地支测方位，
可从来没算过半文钱！❾

手里提一个石鸟笼，
画眉鸟儿刻在当中；
扇起翅膀张着嘴，
灵巧的舌头在嘴里动。

老石匠走在村头上，
石头画眉迎风唱；
成群的孩子跟着他，
吵吵闹闹牵衣裳。❿

但这并不是一个发生在桃花源中的故事。诗人回忆，正是石匠被毒死的情节震撼了他童年的心灵，才生发出这一诗篇。❶

接下来是清明节的蒙蒙细雨。扫墓的人群散去后，一位泪水和着雨水的小姑娘出场了，她让我们隐约看到庵上坊背后王氏幽怨的身影。然而这却不是王氏，小姑娘家祖祖辈辈是穷苦的绣花人。在这位外乡老石匠的追问下，她讲述了自己的家史，也是树苑乡的历史：

> 难道你没有听说过红缨军？
> 穷苦人英雄的子弟兵；
> 红缨军在这里打过一仗，
> 被官兵围困在大山中。❷

诗人在这里糅合了当地另一个传说：一个姓鞠的豪绅曾率领官军在距离庵上不远的虎踞山与大批造反的捻军激战，最后被捻军和当地村民杀死，皇帝因此为鞠氏在山上修了一座坟墓。❸

与捻军一样，红缨军的反抗失败了。小姑娘的先人参加了红缨军，也全被官兵杀死。老石匠被红缨军故事感动，便为红缨军修建起一座石牌坊。当地的一个财主得知后，就要霸占牌坊，将它改成其母亲的节孝坊。不甘屈服的老石匠惨遭财主的毒打，牌坊被毁。老石匠死里逃生，来到兖州。兖州一个财主想让老石匠为他建一座"功德坊"，在遭到老石匠的拒绝后，这个狠毒的财主便以毒酒将老石匠害死。老石匠的徒弟将他葬在山洞中，又将整座大山刻满了花。大山成了老石匠的丰碑，一座永远无法摧毁的牌坊。

对于熟悉庵上坊传说的读者来说，诗中外乡石匠、石算盘、石鸟笼、节孝坊、财主、兖州、毒酒等字眼一定异常醒目，这些读者会感到庵上坊的故事在诗行中时隐时现。但是，这首长诗并不只是为这些读者写的，绝大多数的读者并不了解故事的原型，诗人也未严格遵循故事原有的架构。有关王氏的经历，在诗中全部被抹去，这样，诗人就没有必要再对"守节"的旧俗发表意见。故事的焦点转移到了财主与石匠的冲突上，在诗人看来，这种冲突实际上是官军与红缨军冲突的延续。所以，财主凶恶的嘴脸，既出现在树苑乡，也出现在兖州；而老石匠的凛然大义，既出现在红缨军身上，也出现在新一代的石匠身上。这种冲突的根源不再是工钱的多少，而是祖祖辈辈的阶级对立。

诗人原名马振，笔名马萧萧（图90）。他1921年生于安丘东关，1937年秋因参加学潮而被捕入狱。抗战期间，诗人辗转于安丘、沂水、莒县、安徽、河南、湖北、重庆和陕西等地，参加抗日宣传并求学。他1944年考入西北农学院，1945年参加西北民主青年社，1948年2月加入中国共产党，1948年5月入延安大学学习，后留校工作。❹历任中国新民主主义青年团西北工委宣传部宣传科长，团中央书记处办公室秘书，中国少年儿童出版社、中国青年出版社编辑室主任和中国民间文艺出版社总编辑等职。这位八十多岁的诗人现任中华诗词学会常务理事、中国楹联学会名誉会长等职，近年来依然笔耕不辍。❺

《石牌坊的传说》是马萧萧的代表作，其创作开始于1947年，最初只有一百多行，题为《天下无二坊》，并未发表。1957年，诗人着手加以重写。该诗1959年5月改定后，以《石牌坊的传说》为题首次发表于文学刊物《延河》1959年第7期。在听取了读者和同行的意见后，诗人再次进行了修改，1963年以单行本出版（图91），并于1985年再版（见图95）。❻了解了诗人的经历和该诗写作的时代，我们就不会为这个新故事与庵上坊传说之间的差异而感到意外。

单行本与最初发表的稿子相比，除了文字上的推敲润色外，故事情节也有较大改动。例如在最初发表的版本中，石匠师徒听信了兖州财主所派遣的一位老道人的话，先在一座清静的山上"练手艺"，他们将大山刻满了花，以替代被毁掉的红缨军的牌坊。❼但是，诗中并未交待这座刻了花的山的最终命运。单行本将这段插曲删掉，而将大山刻花的情节移到最后，使大山成为小石匠对老石匠在天之灵的奉献，这样，故

图90　1982年7月诗人马萧萧（前排左三）与安丘县文化局、文化馆工作人员及绘画爱好者合影

图91　1963年版《石牌坊的传说》封面

事的情节更为紧凑。不仅如此，定稿还以浪漫主义的手法收尾：小石匠的作品惊天动地，当他将要把大山刻完时，雷声平地而起，石人石马几乎要活起来，与之相呼应，山外也有大队人马高举着千面红旗奔腾而来，他们满怀世代的仇冤，跨越千山万壑，一往无前。在这支队伍中有一位身穿红衣的姑娘，读者不难想到，这就是那位红缨军的后人。她的出现，巧妙地使这座大山再次与红缨军联系起来，使这次发生在个人之间的冲突转换成两个阶级的对立，也为这首充满悲剧色彩的长诗增加了力量和希望。[18]

我们要特别仔细地看一下老石匠为红缨军建造的那座牌坊。很显然，在这座牌坊上，庵上坊的许多图像被借用：

刻了一片石头花，
枝叶招展分阴阳；
层层花瓣薄似纸，
不涂颜色分红黄。

…………

云彩刻了千万层，
云彩里刻了九条龙；
石龙游在石云里，
隔着石云还能看见龙。[19]

这些文字，分明是对庵上坊上那些精美雕刻的直接描写。

1985年长诗再版时，才华横溢的诗人亲手为自己的诗作增绘了许多插图，[20]其中一幅插图的焦点是为捍卫理想而勇于牺牲的老石匠的金刚怒目，老石匠背后则逸笔草草地描绘了红缨军牌坊的一角（图92）。在这一角牌坊中，须弥座、抱鼓石、竹子、

图92 "家奴嗥叫赛虎狼，
　　　　拥上山崖挖牌坊；
　　　　老石匠全身扑到石崖上，
　　　　粉身碎骨也不相让！"

蝙蝠等细节皆与庵上坊如出一辙。诗中类似的雕刻还有鸳鸯戏水、金鸡报晓、神马八骏、金牛斗角、三羊开泰、孔雀戏牡丹、喜鹊上梅梢、狮子滚绣球，不必说，这些图画也与庵上坊大量的吉祥图案同属一类。

诗人写到这里，似乎意识到了读者会怀疑这些缺乏新意的动物、花卉题材与被纪念者之间的联系——就像我们面对庵上坊同类的雕刻而发现王氏缺席一样。于是，他借着老石匠与一位小羊倌（也就是后来老石匠的徒弟）的问答，主动设问：

你知道鸟儿为谁唱？
你知道花儿为谁开？㉑

在这里没有马家来插一杠子，一切都是老石匠心甘情愿不计报酬的奉献，"全部生命浸进了石心里"❷，所以答案是：这些图画只属于红缨军。

与这些花鸟不同，诗中描写的其他一些图像的象征意义更具有指向性：

> 刻的是神农尝百草，
> 女娲炼石补青天，
> 大禹治水凿龙门，
> 还有自古的巧匠老鲁班。
>
> 这里是移山老愚公，
> 那里是万能十弟兄，
> 这边是八仙来过海，
> 那边是猴王闹天宫。

这些传奇性人物从开天辟地开始，排列成一部绣像的民族史。❸但是，我们在这里看不到朝代的更替和帝王的年号，构成这部新历史的基本元素，是伟大的献身精神、非凡的创造性，以及不畏权势的勇气，而这些也正是"穷苦人英雄的子弟兵"红缨军的品质。

这里出现了庵上坊中的八仙，诗人没有做过多的解释，但从上下文的关系来看，诗人并未突出其神仙的特征，而强调了他们超人一般征服自然的能力。最值得注意的是，出自《列子·汤问》的愚公故事本来并不十分著名，但是在1940年，画家徐悲鸿以《愚公移山图》为题，创作了大型的国画，表达了中国人抗日的决心与毅力；❹1945年6月11日，毛泽东以《愚公移山》为题作了中共七大闭幕词，❺也赋予这个故事以新的政治内涵。在长诗写作的年代，愚公的故事已经家喻户晓，这类历史遗产被特定的时代激活、放大，成了书写历史的新材料。

神话、传说和寓言故事里的人物虽然象征意义明确，但仍不能令诗人满足。当他试图进一步强化牌坊与被纪念者的联系时，便直接将红缨军的事迹刻到了牌坊上，而这类叙事性的题材正是庵上坊中所缺少的：

> 这人就是撞开城门的赛李逵，
> 那人就是打死县官的活武松；
> 这边是百战不退的父子俩，
> 那边是阵前无敌的三弟兄。
>
> 这边是火烧员外府，
> 那边是大刀破官兵；
> 城寨里开仓揭库分米面，
> 村头上提汤送饭问英雄。㉖

这些详细的铺叙，使得红缨军的群像成为新史书中最重要的环节。就在长诗写作的过程中，充满激情的艺术家正在创作大量反映农民起义等革命历史题材的美术作品（图93）。㉗ 对比其中著名的北京人民英雄纪念碑碑座浮雕（图94），诗人笔下的牌坊雕刻简直就是另一个大同小异的版本。

　　诗人亲手绘制的插图将文字描述转换成了新的图像。与文字流畅的、线性的叙述不同，插图所表现的情节是跳跃式的，随着故事的展开，文字和图像不时地会合，但是，二者却无法始终按照同一条轨道行进。诗人必须面对一个难题：如何将那些从来没有在任何一座牌坊上出现过的新题材，合理地安排在他画笔下的牌坊上？

　　诗人画笔下的牌坊出现了三次。第一幅是该诗1985年单行本封面上的底纹，这是一张牌坊的立面图。牌坊上装饰着火珠、仙鹤、缠枝花、云朵、飞天、狮子等。值得注意的是，檐子以下的龙凤牌上是模模糊糊的线条，完全分辨不出"圣旨"二字，安放横匾的地方为书名所遮挡（图95）。就像诗中的故事已将庵上的故事打散一样，

庵上坊

图93 贡庆余1959年创作的国画《瓦岗军开仓散粮图》

图94 1956年雕塑家刘开渠正在对照一位解放军号手进行人民英雄纪念碑浮雕《胜利渡江》的创作

图 95　1985 年版《石牌坊的传说》封面

这一图画中的牌坊与庵上坊近似,但却不能重合;当然,它也不是红缨军的牌坊。这座由传统图案所组成的牌坊只是一个抽象的概念,是全诗的背景,恰如它本身的色调:一些银色的线条在灰的底色上若隐若现。

第二幅是前面提到的红缨军牌坊的边角。在这里,如果有人追问:火烧员外府、大刀破官兵的画面在哪里?诗人可以辩解:那些新的题材刻在这幅插图画框以外的其他部位,所以你现在看不到(见图 92)。

第三幅是牌坊的全貌。在这种情况下,文字与图像的矛盾变得相当尖锐。令人惊异的是,诗人巧妙地绕开了这个难题,他只是大致绘出了牌坊的远景,其剪影式风格使得读者无法去深究其雕刻的细节(图 96)。

说到底,那座以文字构筑的牌坊,终究难以清晰地诉诸图像。

图96 "千奇百巧不足贵,
　　　贵的是穷苦人第一座石牌坊!"

庵上坊

　　牌坊的观众们也没有被诗人遗忘,在第三幅图中,庵上坊的观者们聚集到了红缨军的牌坊周围,那些赞美庵上坊的语言也被转移到红缨军的牌坊上:

　　　　围着牌坊看百遍,
　　　　千遍万遍也看不厌;
　　　　看牌坊的人有千万,
　　　　数不清故事花样有多少段。

　　　　有人说,上面有千只鸟,
　　　　忘了数芦苇里藏的一群雁;

> 有人说，上面有九百九十九个人，
> 红缨军的故事还没计算！
>
> ············
>
> 孩子们看过石牌坊，
> 照着样子扮戏唱；
> 老年人看过石牌坊，
> 讲故事从黑到天亮。㉘

在这里，故事照例要从观者口中讲述出来。但观者与牌坊的关系已经发生了变化，对牌坊雕刻的反向解读不复存在了：

> 谈论花样有多巧，
> 谈论故事多细详；
> 千奇百巧不足贵，
> 贵的是穷苦人第一座石牌坊！㉙

牌坊是他们的精神支柱和指路明灯，因为它不再指向某一个具体的人，而是"穷苦人第一座石牌坊"。
　　最细心的一位观者当属红缨军的后人，那位绣花姑娘：

> 她围着牌坊看了又看，
> 眼光儿落在石柱子上。
> 石柱上刻着两个人像，

庵上坊

> 那么熟悉的威武模样！
> 总像在哪里曾经见过，
> 为什么眼睛老向我凝望？❸⓪

诗人没有为这个细节配插图，也没有进一步描述石柱上两个人像的具体形象。本书的各位读者会立刻意识到，这两个"总像在哪里曾经见过"的人像，其原型是庵上坊立柱上的金甲门神。但是，姑娘的目光不是落到人像的后跟，而是他们的眼睛上，目光将人像和姑娘的心灵沟通起来，图像再次显现出力量：

> 啊，十年啊，十年，
> 她记起了母亲手里的绣像！
> 那绣像早已化成了灰烬，
> 今天又落到了石牌坊上！❸①

两个人像唤起的不再是人们的误读，而是让姑娘记起了母亲的作品，以及牌坊背后真实的历史。这样，牌坊的创造者实际上不只是老石匠，而是更多的穷苦人。

对于一位不熟悉庵上坊的读者来说，他不可能由此联想到那两个没有后跟的门神，不会产生与我们一样的感受。但是，对于诗人来说，人们关于庵上坊门神后跟的说法，实在太具有吸引力了，正是这种误读，显现出了图像与作者、雇主、观者之间的复杂关系。所以，当诗人试图将这种关系中的冲突转化为和谐时，他仍要煞费苦心地对门神这个关键点加以合理的交待。另一方面，诗人似乎也意识到，对于多数的读者而言，这种努力是多余的，因此，他在这一节的处理上略显得犹疑和粗糙，尽管两个人像目光炯炯，但其总体形象并不清晰，诗人也没有进一步交代小姑娘母亲手中的绣像到底是什么样子。

种种内容新奇的雕刻，是这座牌坊被看作"穷苦人第一座石牌坊"的根据，所以

当贪婪的财主企图霸占这座牌坊时,这些雕刻必须要进行修改:

> 只要牌坊上的花和鸟,
> 把那些造反的故事全铲光;
> 铲平了故事刻大字,
> 把我世代的功德记周详。㉜

那些含义明确的叙事性画面首先要被淘汰,而传统的吉祥题材则可以保留下来,就像庵上坊上那些画像,放在什么地方都不会有争议。在破坏了那些叙事性的画面后,财主并没有要求老石匠设计新的雕刻,而是要以"文字"来记述其"世代的功德"。无独有偶,庵上坊也没有以图像表现马家"世代的功德"!

马家的花和鸟被转到了红缨军的名下,现在再次易主。当阶级斗争进一步激化,以至于酿成了老石匠被害的悲剧后,那些传统的花鸟又被重新加以分类和解释。小石匠为纪念师父而将高山刻满了花,在这里,他对传统的图像进行了甄别,"取其精华,去其糟粕"㉝:

> 不刻凤凰戏牡丹,
> 要刻喜鹊的窝巢被鹞子占!
> 不刻戏水双鸳鸯,
> 要刻满山泣血的苦杜鹃!
> 不刻三羊开泰和,
> 不刻过海八洞仙,
> 要刻哭倒长城孟姜女,
> 要刻六月大雪窦娥怨!㉞

小石匠认识到，那些充满吉祥寓意的美丽图画终究不过是一座虚无缥缈的海市蜃楼，而现实残酷的风暴已经把它们吹得烟消云散。至于鸠占鹊巢、杜鹃泣血、孟姜女、窦娥，这些情节和故事所包含的全都是对社会的控诉。小石匠不再是那位"石缝里养"的老石匠，而是在斗争中觉悟的新一代。

诗人开始写这首长诗时，年龄正与小石匠相仿。

注释

❶ 见贾德民致郑岩函。

❷ 见陈正宽 1996。

❸ 见瑞娴 2005。

❹ 见马萧萧 1985：页 1。

❺ 关于公冶长书院的情况，详第九章。

❻ 见马萧萧 1985：页 2。

❼ 同上，页 3。

❽ 同上，页 10。

❾ 读到这里，我们会明白，为什么马萧萧在记述老石匠与兖州财主的对话中，没有提到工钱多少的问题（见第六章）。

❿ 见马萧萧 1985：页 4。

⓫ 马萧萧说："根据……这两句歌谣和传说石匠在刻兖州牌坊后被药死的故事（这确实在我幼小心灵上受到震动），加上我对这个故事内容的理解，构思了这么一首长诗。"见马萧萧致郑学信函。

⓬ 见马萧萧 1985：页 16。

⓭ 同上，页 133。

⓮ 延安大学是中国共产党创办的第一所综合大学。1941 年，中共中央政治局将陕北公学、中国女子大学、泽东青年干部学校合并成立延安大学，由吴玉章任校长。1943 年至 1944 年，延安鲁迅艺术文学院、自然科学院、民族学院、新文字干部学校和行政学院相继并入。

⓯ 见安丘市史志办公室 2002：页 1。

⓰ 本书所引该诗原文，皆据 1985 年重印本。据其《新版自序》所言，这个新的版本文字基本与 1963 年的版本相同，"只随手做了个别的修订"。（见马萧萧

149

1985：页 1~3。)

⑰ ─────────────────
见马萧萧 1959：页 13~14。

⑱ ─────────────────
同上，页 126~128。

⑲ ─────────────────
同上，页 27~28。

⑳ ─────────────────
1963 年，《石牌坊的传说》单行本出版时，马萧萧只为该书设计了一些题图和尾花。由于原来的插图在"文革"中被毁，在 1985 年的版本中，作者又对插图进行了改绘和增补，其数量和尺幅都有增加，有的甚至占据了整页。此处依据 1985 年本予以讨论。

㉑ ─────────────────
见马萧萧 1985：页 30。

㉒ ─────────────────
同上，页 40。

㉓ ─────────────────
诗人在 1984 年回忆说："自从我们的祖先第一次敲击开石头作为工具，劳动开始了，艺术也随之开始了。以后又产生了女娲氏炼石补天、精卫鸟衔石填海等等优美动人的传说。从而使我想到，可不可以用诗的语言这样说：'我们都是石匠的子孙，石匠是一切工艺的祖师。'我是把老石匠和他的艺术放在这样一个世系中来写的。"(见马萧萧 1985，新版自序，页 2。)

㉔ ─────────────────
原作藏于北京徐悲鸿纪念馆。

㉕ ─────────────────
见毛泽东 1966：页 1101~1104。

㉖ ─────────────────
见马萧萧 1985：页 43。与这些题材的出现类似，小石匠在山洞中安葬了老石匠后，他"跪在坟头刻下了师父的像"。(同前，页 122。)

㉗ ─────────────────
见刘曦林 2006：页 17~22。

㉘ ─────────────────
见马萧萧 1985：页 42~43。

㉙ ─────────────────
同上，页 44。

㉚ ─────────────────
同上，页 46。

㉛ ─────────────────
同上。

㉜
同上，页 56。

㉝
1960 年第三次文代会上发表的中共中央和国务院祝词中重申要以批判地继承的态度对待遗产，并将这一方针概括为："批判地继承和吸收，取其精华，去其糟粕，推陈出新。"这个政策实际上是对毛泽东在《中国共产党在民族战争中的地位》(1938 年)、《新民主主义论》(1940 年) 和《在延安文艺座谈会上的讲话》(1942 年) 等著作中关于继承和借鉴一切优秀的文学艺术遗产的论断的概括。见邓绍基：《关于文学遗产继承问题的讨论和认识》，载卢兴基主编《建国以来古代文学问题讨论举要》，济南，齐鲁书社，1987 年。此据中国文学网（http://www.literature.org.cn/Article.asp?ID=5916）。

㉞
见马萧萧 1985：页 124。

第九章 庵上

　　根据马萧萧 1985 年版《石牌坊的传说》的"新版自序"可知，这首长诗在 1963 年正式出版后不久就经历了一场劫难，"正像它自身所吟叙的故事命运一样"，诗的原稿和插图，包括原版的纸型均被销毁。诗人的手头上只有一本撕去了封面而包上其他书皮才保存下来的样本。后来，一位青年工人甚至从头到尾抄写了全诗……❶

　　对文字进行销毁、重抄、再版，这种不新鲜的剧情在 20 世纪的中国重演。不过，这是另一个故事，多数庵上人并不知道他们家乡的牌坊在外地引申出了这样的故事。

　　让我们再回到庵上。

　　庵上村在安丘城南 29 公里。传说早年当地有一尼庵，庵上村即由此得名。尼庵如今已无迹可寻。❷ 又有材料说，村北有处小山叫庵上山，村以山名。据 1992 年出版的《安丘县志》统计，庵上村人口为九百四十人，❸ 现已逾千。庵上的村民大部分姓马，少数其他姓氏多是近些年由外地陆续迁入的。根据各种版本的方志，自清代以来庵上一带的区划沿革情况大致可考，❹但是并没有多少文献典籍记载这座普通的中国北方村庄的历史，即使在各种县志中也难以见到关于这个村庄的文字。❺在1975年岐山人民公社驻地由岐山迁庵上之前，普通的安丘地图上很少能找到"庵上"两字。

以庵上村为中心的庵上镇有五十个行政村，近四万人口，其南部与诸城市和沂水县相邻，因为山地较多，这里盛产山楂、樱桃等果品。与其他的乡镇相比，庵上一带保存的古迹较多，多年来，这些古迹一直是当地人的话题。从庵上村向东约1.5公里，在寺后和雷家清河两村之间，有一座北宋时期的石棺，由于长年取土，已经全部暴露在地表。石棺为房屋形，由上下两块巨大的石头雕成，前面有长篇题记，明明白白地记着这是绍圣三年（1096年）胡荣为其亡父母胡琏和史氏所建石棺（图97）。❻但附近村民识字的不多，即使读过书的人，也没有耐心仔细阅读这些斑斑驳驳的文字，他们习惯上称这座石棺为"九女坟"。人们说，九女坟的主人是西仕居园村的单家，单家有九女，其父母去世后，每个女儿为他们建造了一层石楼，眼前所见的只是这座石楼的顶部，更大的部分还深埋在地面以下。石棺东侧有一残破的洞，据说是被过路的"南蛮子"破坏的，当时曾有一对凤凰从洞中飞出。路过这里的行人，应捡一块石子塞在洞中，以免厄运缠身（图98）。❼这个故事颇涉荒诞，但人们愿意讲，愿意听，愿意信这样的故事，却很少有人知道，也很少有人去关心石棺的历史真相。

庵上镇西北是海拔四百多米的城顶山，山势峻峭，山顶至今还保存有一段战国时期齐国修建的长城（图99）。这是中国最古老的长城。当地传说山上有齐宣王布下的"迷魂阵"，还说唐朝叛将安禄山就是在此地被官兵消灭的。有民谣云："无事不上城顶山，上山容易下山难。"❽

城顶山半山腰有一组建筑，称公冶长书院，相传孔子弟子公冶长曾在此读书，城顶山因此又称为书院山。关于公冶长是齐人还是鲁人，文献中有不同的说法。齐长城遗迹证明城顶山正位于齐鲁接壤处，因此，将公冶长与此地相联系，或有一些"史

庵上坊

图97 被当地村民称作"九女坟"的北宋石棺　　　　图98 北宋石棺侧面的缺口

图99 庵上镇城顶山战国齐长城遗址。有民谣云:"无事不上城顶山,上山容易下山难。"

影"❾。书院保存有一些建筑基址，年代无考，大约是明清时期的遗存。明成化十三年（1477年），安丘知县陈文伟到此访古，即见"四壁俱废，一址独存"❿。目前遗址内尚存明万历年间安丘知县孙振基《先贤公冶子长读书处》、清康熙年间安丘知县胡端书《重修公冶子长祠堂记》及道光年间青云寺住持学管和徒弟真斋所立《重修书院山青云寺记》等碑刻，⓫而现有的祠堂为十几年前重修。与建筑的兴废不同，传为公冶长手植的两株古老的银杏树（当地称白果树）枝繁叶茂，其大者高近三十米，两树每年仍可结果百余公斤（图100）。⓬

旧俗以农历九月初九在书院祭祀公冶长。⓭如今，清明节和农历四月初八，书院山各有一次山会，十里八乡前来赶会的村民除了买卖山货和外来的小商品，仍要举行对公冶长的祭祀。祠堂内十多年前重塑的公冶长像正襟危坐，由于其身架太像一尊神像，年长的婆婆和年轻的媳妇们便不断地向这尊塑像叩头，虔诚地祈求这位两千多年前的书生保佑她们的家庭多一个男孩。祭拜完毕，她们还要在银杏树枝上系红布条，以求拴住梦想中的娃娃。在这些活动中，公冶长识鸟语的故事被人们一遍遍讲起，为塑像添加了更多神异的色彩。⓮正是在这些信念和故事的支持下，倾塌的祠堂被一次次重建，新碑在旧碑旁边树立起来。若干年后，这些新的建筑和碑刻又会变成古迹，成为后人讲述的对象，成为公冶长在此读书的物证。

这些古迹，以及祖祖辈辈流传的关于这些古迹的故事，便是庵上的历史。有些学问的人或许不相信这些故事的真实性，但是，如果这些离奇的故事不再被庵上人讲起，那么，古迹就彻底死去了，庵上的历史也就永远被人遗忘了。

除了九女坟和公冶长，人们还会讲起南方的"毛子"⓯在南山被官军剿灭，讲起中国军队与日本鬼子在书院山激战。他们还说，当年鬼子在村北的庵上山杀人，将许多人头挂在一株老松树上，早些年，每到夜间，就会听到有许多冤魂在树下哭泣。他们会指给你看，那老树还立在原地。

最令庵上人痛心的事情是，日本人从山上向村里开了一炮，正巧打中了村中心的石牌坊，牌坊西面一大块雕刻精美的石头被击落（图101），所幸整座牌坊没有塌掉。

图 100　传公冶长手植的银杏树

图 101　庵上坊正间西面的缺口

据说，有个鬼子中队长前去查看，这时，一个石雕龙头恰好落下来，将他砸得脑浆迸裂，从此，日军再也不敢来犯。⓰

十几年前，一个小伙子自命不凡，毛手毛脚地爬到了牌坊的檐顶，失手扳掉了一个吻兽，跌到地上摔折了腿。小伙子没有得到很多同情，相反，人们说这是应得的报应。有人绘声绘色地描述了当时的情形，如电影中的慢镜头：小伙子刚开始跌落时，人头在上，龙头在下；而落地的一刹那，却是龙头在上，人头在下。⓱

也许正是这些无形的讲述，支撑着这座牌坊屹立到今天。如今，这座青石建造的贞节牌坊仍然立在庵上村的中心，就像一百八十多年前一样。反过来，正是这座看得见、摸得着的牌坊激发和引导了人们讲述的热情，如果牌坊不存在了，那些口述的故事就会失去依托，最终被人们忘记，就像马宣基之母徐氏牌坊的命运一样。

对于庵上人来说，这座牌坊是另一个世界，这个世界是陌生的、遥远的、虚幻的，鬼斧神工的雕刻与朴素单调的黄土形成鲜明的反差；千祥云集，神仙爱居，不同季节的花朵同时开放，犹如梦境一般；父子拜相、金玉满堂的祈愿无限美好，却可望而不可即。但是，这个世界又很近，清晨，人们穿过牌坊去田地里劳作；黄昏，满载在牛车上的秸秆一遍遍地从门神的甲胄上扫过；夜晚，微风摇动着牌坊上的铁铃，为寂静的村庄添加了唯一的乐音。

饥荒的煎熬、战争的痛苦和革命的狂热，都曾光顾这个村子。人们已经记不得什么时候马家的宅院从村子里消失，但是一些旧日的人与事依然被人们在田间地头、院内窗下一遍遍地讲起，仿佛就在眼前。清冷坚硬的石头与有声有色的语言，巍然兀立的建筑与跌宕起伏的情节，这些看似矛盾的东西彼此冲荡，又交织为一体。

诗人马萧萧老当益壮，他多次回到故乡安丘，重访古迹，探寻老友，结识新知，支持家乡文化事业的发展。1980 年，他还在安丘举办了一次书画展。他写给市文化局负责人的信，以及他的长诗《石牌坊的传说》《翠笛引》被节录在《安丘文化志》中。⓲ 在 2002 年由安丘市史志办公室编辑的《铭记同乡》一书中，诗人的照片和小传位于第一页。[19]

在1982年7月马萧萧与安丘县文化局、文化馆工作人员的合影中（见图90），可以看到当地两位画家的身影，后排右一为郑学信，左一为李绵祖。此后，马萧萧与郑学信多次通信，庵上坊是他们共同的话题。1996年，郑学信、李绵祖为安丘宾馆主楼的大堂创作了题为《安丘揽胜》的大幅国画（图102）。[20]画中咫尺千里，安丘的大好河山、名胜古迹一览无余。像其他城市一样，安丘古时也有所谓的"八景"，如明成化年间的知县陈文伟就有一首七律《总咏安丘八景》。[21]在《安丘揽胜》中，"八景"中的"牟山拥翠""书院挹秀"等仍展现在人们面前。但由于自然环境的变化，诗中所咏"印台月色""碧海龙潜"等，多已风光不再。安丘的名片需要升级和更新，于是，一些新的景点就组合进来。在这张画的右下角，便画出了庵上坊。牌坊半掩在绿树丛中，但却十分醒目（图103）。有趣的是，我们在1993年曾调查并在《安丘文史资料》中著文介绍的"九女坟"[22]——北宋胡琏夫妇石棺也在画中占了一席之地，而在此之前，并没有多少庵上以外的安丘人知道这处古迹。由安丘政府各部门接待的贵宾总是下榻于这家宾馆，客人们在了解这个县级市之前，会首先从这幅画上看到它最值得炫耀的景色。现在，我们还可以在互联网上轻松地检索到这座牌坊的图片。在官方的网页上，庵上坊与该市境内的青云山民俗游乐园、东汉画像石墓和公冶长书院并称为"安丘四宝"。[23]庵上坊已不仅仅属于马家。

早在1992年6月12日由山东省人民政府公布的《山东省第二批重点文物保护单位》名单中，"庵上石坊"就被列入第三类五十二处"古建筑及历史纪念建筑"中。[24]1996年出版的《山东省志·文物志》收录了山东境内古代牌坊八座（组），庵上坊名列其中。[25]为了保护牌坊，镇政府在牌坊周围修建了围墙，那座"九女坟"也从雷家清河村迁移到围墙内。这些本来不属于同一个家族，也不属于同一个时代的雕刻作品，如今成了邻居，因为它们有着相同的身份——文物，或称文化遗产。围墙内修建了水池、凉亭、假山，花木扶疏，别有洞天，成为镇上一个很特别的"里坊"。令人

图 102　郑学信等创作的国画《安丘揽胜》

庵上

图 103　安丘的名片需要升级和更新，庵上坊被加进了《安丘揽胜》一图中

惊异的是，镇政府1997年为这个"里坊"新建的大门，竟然又是一座四柱三楼式牌坊，横枋上题曰"石坊公园"（图104）。大门朝启晚闭，就像唐代长安城的坊门一样。即使庵上人进入公园，按照规定，也需购买一张门票。门票正面是牌坊的照片（图105），背面以二百余字记述了王氏和石匠的故事。观众一边阅读着这个简洁的文本，一边观赏牌坊上的雕刻。这样的方式，以前未曾有过。

也许人们感到门票上的照片和文字信息量太有限，我们最近一次来到庵上，发现公园的门房被改造为一个展室，展室里陈列了大量牌坊的照片和解说文字。那些雕刻的照片显然经过了精心的选择，还标注了一些醒目的符号和数字，使得每一个细节都可以与文字一一对应，最后署有编辑和摄影者刘琳的名字。在几次关于庵上坊的演讲中，我们也曾采取类似的方式。激光笔的光点带领着听众的目光在幕布上来回游动，听众所看到的，其实并不是牌坊本身，而是一些经过我们选择和组织的照片。至于您手中的这本书，讲述赖以实现的媒介，也不再是声音，而是文字和图像。同样，在这个小小的展室里，这种形式也取得了胜利；所不同的是，这些文字和图像，与那座真实的牌坊只有二三十米的距离。

展室中的文字将"专业"词汇与各种传说混杂在一起的做法并不出人意料。但是最后的话却值得推敲：

> 李克勤、李克俭……被誉为中国古代伟大的建筑学家、美术家、雕刻学家。现石坊拓片被保存于北京故宫博物院。

庵上坊的作者被划到"古代"，与庵上坊"文物"和"遗产"的身份相应。"中国"做定语虽然是近代以来常见的做法，但说到底，"中国"一词在这里与"天下无二坊"的"天下"并无本质的差别。从"建筑学家、美术家、雕刻学家"这一系列的头衔中，我们还可以看到"学科"的语汇对于新的讲述产生的影响（我们不必苛求这些概念内涵和外延的逻辑关系）。

最令我们惊异的是，1993年，安丘市博物馆与山东省文物科技保护中心的工作人员对牌坊上的文字和部分浅浮雕做了一套拓片（其中之一见图80），这些拓片留在了市博物馆，此后再没有人来做过拓片；或许出于无意的误传，或许出于是有意的改造，在这里，那套拓片被光荣地转到了故宫博物院，也就是当年那道准许修建牌坊的圣旨被签发的地方。虽然皇帝早已不复存在，庵上人还是希望这座牌坊与紫禁城保持联系，似乎只有得到了这一权威机构的认可，庵上坊才能显现出它的价值。[26]

这段文字调门不低，但却隐约透露出撰文者本人将信将疑的神情。这种神情中包含了昨天、今天、村内、村外种种的问题，这些问题已经萦绕在庵上人心中许多年。如果没有牌坊，这些贯穿于不同时间、空间的问题也许不会如此鲜明地摆在他们面前。

石坊公园内十分幽静，院墙外面却越来越热闹，饭馆、商店开在了公园的对面。如今，年轻人不愿再听老故事，他们更喜欢在电视机前看武打片，或者去同一条街上的影剧院欣赏外地歌舞团的现代舞表演。有的人外出经商或打工，带回来的故事更加精彩。

与此同时，一些外地人则慕名来到庵上，除了本书的作者，更多的是游客。于是，王氏和石匠们的故事，便转而由导游们讲下去。他们用方言，用普通话，用英语、日语、韩语，越讲越生动。那些用数码相机和DV机摄取的图像，也不知被人们带到什么地方去了。

庵上坊

图104 石坊公园的大门竟然又是一座牌坊

图105 庵上坊,一个永远讲不完的故事

注释

庵上

❶

见马萧萧 1985：新版自序，页 1。

❷

从下文所举绍圣三年（1096 年）胡璡夫妇石棺的题记可知，当地至迟在 11 世纪已有对佛教的信仰。第五章已提到，道光年间在庵上城顶山下的公冶长书院旁还有一座青云寺。所以，当地曾有尼庵一说或有一定依据。

❸

见山东省安丘县地方史志编纂委员会 1992：页 67。

❹

清初，安丘划六乡，领五十八社。庵上属于第四乡之寨庄社（见《续安丘县志》：卷八"赋役考"）。乾隆十六年（1751 年），安丘分为六乡，领六十六社；道光以后仍存六乡，归并为五十四社。在此期间，庵上一直属于三乡之峴山社（见马世珍、张柏恒1998：卷八"赋役考"；马步元 1998：卷七"赋役考"）。民国年间，庵上大部属安丘县第六区。1943年当地解放后，先后属安丘县召忽区、丘南县第六区、安丘县第二十三区、安丘县岐山区，1958 年初撤区，划为岐山、召忽、胡峪三乡，同年 9 月成立岐山人民公社。1975 年公社驻地由岐山迁庵上村，1981 年更名庵上公社。1984 年公社撤销，其北部置庵上镇，南部置召忽乡，所辖村亦有增减。（见山东省安丘县地方史志编纂委员会 1992：页 62。）

❺

侯旭东指出，由于史家长期以来秉承"精英"主义的研究策略，所以农村是一个"被遗忘的世界"。宋代以后的地方志只是一种"正史"的地方版，"主要记载是地方的精英人物，只有少量烈女节妇义民之类的普通人中的'楷模'可以跻身其中。历代文人学士留下的笔记卷帙浩繁，内容广博，但对于遍布各地、触目可见的'村落'除了在诗词中有所提及外，几乎是视而不见，无所用心"。（见侯旭东 2005：页 3~4。）

❻

这座石棺正面的一则题记为："大宋密州安化军诸城县来西坊保西清河村孤子胡荣伏为。先考讳璡，少年崇释，常持慈悲，抄讼金经，莫知其数年。五十而终身矢。先妣史氏，生子五人，长男荣，次男温，三男琼，四男增。寿仁，遂于住宅西建立万佛堂一所，永为供养。男五郎早亡，女大娘适事朱真。慈母在日，尚修公德，特舍财镌石像佛九尊，迎口于李仗镇东西二僧院，并祇漆村僧院安置。讫请僧转妙法莲花经一藏。所修公德不可量数。洎年八十有三。令荣造棺，命工于山选石为室，至来岁正月末旬八日，忽大限至，而乃巫焉。敛葬于内，以为棺椁。荣尚难报劬劳之苦，酬口养育之恩，心中思之，何日忘口？聊录此公德，伏愿尊灵早上天界。题于棺之侧，永记之。大宋绍圣三年六月二十八日胡荣等建。"（见郑岩、贾德民 1993：页101~107、197。）

163

❼
2006年1月30日王秀香口述。

❽
见路宗元1999：页371。

❾
张贞《渠丘耳梦录》甲集"书院山"条："世传公冶能辨鸟雀语，其言多不雅驯。唯《海录》云：喈喈喷喷，白莲水边，有车覆粟，车脚沦泥，犊牛折角，收之不尽，相呼共啄。差为近古。考之，公冶长，字子长。《家语》云鲁人，《史记》云齐人，未知孰是。而今县南七十里有书院存焉。张华《博物志》云：公冶长墓在城阳姑幕城东南五里。去今书院山颇近，正齐鲁接壤处，则谓其游寓于此，或不虚矣，故得书之。"（见周庆武2004：页205。）

❿
见《安丘县志》：卷十一"艺文考"，页59。

⓫
见路宗元1999：页35~36。

⓬
见山东省安丘县地方史志编纂委员会1992：页298。

⓭
见《安丘县志》：卷五"建置考"，页21。

⓮
当地流传有公冶长懂鸟语的故事，又传公冶长可与青蛙对话。（见周庆武1996：页3~8。）

⓯
"毛子"是当地对于南方暴动农民军的称呼，此处当指捻军。据志书记载，咸丰十一年二月二十三日（1861年4月2日），捻军自潍县进入安丘，攻克县城和景芝，在雷家沟杀死知县陈用衡，在三山杀把总石万魁，吓死卸任未走的县丞李辉，足迹遍全县境。各地豪绅因率队抵抗，被杀者众多。因遇雨，五天后转移出境。同年八月，复经安丘入潍县。同治六年（1867年）七月，首领赖文光与任化邦合股，经平度来安丘，在县境北乡一带遭清兵追杀。捻军击退清军，后西渡黄河时，因河水猛涨又返回。十二月又来安丘。清军追至，捻军在杞城一带战败，由高密向南转移而去。（见马步元1998：卷一"总纪"；山东省安丘县地方史志编纂委员会1992：页254。）

⓰
徐培学的小说《天下第一坊》中也采用了这个传说。（见徐培学2005：页32。）

⓱
在庵上坊原址所建展室中刘琳编辑的解说词即采用此说。

⓲
见山东省安丘市文化局2002：页322~323、334~338。

《翠笛引》见马萧萧 1987。

❶⁹
见安丘市史志办公室 2002：页 1。

❷⁰
现存绘画为 2002 年郑学信、马星莹依原画重绘。郑学信还执笔写作了《浅谈庵上石坊的雕刻艺术》一文，这是第一篇从学术角度研究这座牌坊的论文。（见郑学信、贾德民、徐新华 1988。）

❷¹
陈文伟《总咏安丘八景诗》："汶水澄清绝点埃，牟山拥翠夕阳开。印台月色依依见，牛沐钟声隐隐来。碧沼有龙通渤海，青云作院拟蓬莱。灵泉细吐珍珠颗，古墓山川取次裁。"（见山东省安丘市文化局 2002：页 328。）.

❷²
见郑岩、贾德民 1993。

❷³
http://www.sdxnw.gov.cn/city/wf/aq/tese.htm

❷⁴
见山东省地方志编纂委员会 1996：页 897。

❷⁵
同上，页 285～286。

❷⁶
庵上坊拓片保存于故宫的说法，又被山东《生活日报》的一篇报道所引用。这篇报道的作者李潍实地考察了庵上坊，想必也见到了展室中的文字。他目睹了庵上坊的残破状况，呼吁加强保护。为了引起人们的关注，文章说这座牌坊"被称为天下第一奇坊，世界石雕瑰宝"（见李潍 2002）。这是目前见到的对庵上坊最高调的评价。

年表

- 1403—1424 年（明永乐年间），相传马仲英（一世）自山西洪洞县迁至安丘寨庄。

- 1725 年 8 月 12 日（清雍正三年七月初五日），马士勷（十一世）生。
- 1732 年 7 月 21 日（雍正十年闰五月三十日），马士䀹（十一世）生。
- 1739 年 10 月 16 日（乾隆四年九月十四日），马士䀹继室徐氏生。
- 1745 年 1 月 22 日（乾隆九年十二月二十日），马士勷卒。
- 1759 年 5 月 11 日（乾隆二十四年四月十五日），
  马士䀹子、马士勷嗣子马宣基（十二世）妻刘氏生。
- 1760 年 1 月 26 日（乾隆二十四年十二月十九日），马宣基生。
- 同年 11 月 13 日（乾隆二十五年十月初六日），马士䀹卒。

- 1783年3月31日（乾隆四十八年二月二十九日），马士晸继室徐氏卒。
- 1784年4月20日—5月18日（乾隆四十九年闰三月），
  马宣基长子马若愚（十三世）生。
- 1787年7月19日（乾隆五十二年六月初五日），马若愚妻王氏生。
- 1788年5月20日（乾隆五十三年四月十五日），马若拙（十三世）妻尹氏生。
- 同年6月28日（乾隆五十三年五月二十五日），马宣基次子马若拙生。
- 1795年（乾隆六十年），马士晸继室徐氏节孝坊落成。

- 1804年9月8日（嘉庆九年八月初五日），马若愚卒。
- 1806年10月16日（嘉庆十一年九月初五日），马若拙继室刘氏生。
- 1810年10月13日（嘉庆十五年九月十五日），马宣基卒。
- 1813年4月27日（嘉庆十八年三月二十七日）马宣基妻刘氏卒。
- 1815年12月11日（嘉庆二十年十一月十一日），马若愚妻王氏卒。
- 1825年5月13日（道光五年三月二十六日），
  马若拙子、马若愚嗣子马伯元（十四世）之妻李氏生。
- 同年7月4日（道光五年五月十九日），马伯元生。
- 1826年7月10日（道光六年六月初六日），马若拙妻尹氏卒。
- 1828年（道光八年），马若愚妻王氏入记安丘节孝祠。
- 1829年（道光九年），马若愚妻王氏节孝坊落成。
- 1849年10月31日（道光二十九年九月十六日），马若拙卒。
- 1858年4月18日（咸丰八年三月初五日），马伯元妻李氏卒。
- 1861年1月31日（咸丰十年十二月二十一日），马伯元卒。
- 同年5月10日（咸丰十一年四月初一日），马若拙继室刘氏卒。

- 1920年，马步元《续安邱新志》刊行，记马若愚妻王氏入记节孝祠。

- 1947年，马萧萧开始创作长篇叙事诗《石牌坊的传说》。
- 1952年，马士卲继室徐氏节孝坊传说于本年遭毁。
- 1959年，马萧萧长篇叙事诗《石牌坊的传说》初稿发表。
- 1963年，马萧萧长篇叙事诗《石牌坊的传说》出版单行本。
- 1985年，马萧萧长篇叙事诗《石牌坊的传说》单行本再版，并配加大量插图。
- 1988年，郑学信、贾德民、徐新华《浅谈庵上石坊的雕刻艺术》一文发表。
- 1989年5月，马炳烈记录马堂口述的庵上坊的传说。
- 1992年6月12日，庵上坊被山东省人民政府公布为省级重点文物保护单位。
- 1993年7月24日至9月6日，安丘市博物馆和山东省文物科技保护中心联合测绘庵上坊。
- 1996年9月2日，陈正宽《石牌坊的感思》一文发表。
- 同年，山东省地方志编纂委员会编的《山东省志·文物志》出版，收录"庵上石坊"条。
- 同年，周庆武《谭海钩奇——潍南民间故事》出版，收录《庵上石坊的传说》一文。
- 同年，郑学信、李绵祖为安丘宾馆绘制国画《安丘揽胜》，画中绘有庵上坊。

- 2002年11月28日，李潍《多处遭破坏 安丘市天下第一奇坊待保护》一文发表，呼吁加强对庵上坊的保护。
- 同年，安丘市文化局编写的《安丘文化志》出版，收录"庵上石坊"条。
- 同年，郑学信、马星莹为安丘宾馆重绘国画《安丘揽胜》。
- 2004年3月，汪悦进、郑岩在英文杂志 Orientations 发表研究庵上坊的文章 "Romancing the Stone: An Archway in Shandong"（vol. 35, no. 2, pp. 90~97）。
- 2005年11月24日，瑞娴《华丽的凄凉》一文发表。
- 同年，周庆武编著的《安丘名人录》出版，收录马若愚事迹。

- 同年，徐培学小说《天下第一坊》发表。
- 同年，安丘刘家尧镇村民程之元以一块石头磨制成一个算盘。
- 2006年，安丘市文化局着手编辑庵上坊画册。
- 同年，网友"潍河长"将自己拍摄的数十张庵上坊照片贴到互联网的"贴吧"上，并转述了民间的传说，引来网友们上百条回贴。其中，网友"独剪西窗"读图生情，写下十余首歌咏庵上坊的诗词。"十里杏花香""双修靓子""恋爱的青蛙呱呱"等网友的跟帖中，也有相关诗作。❶

自1829年庵上坊落成以来，对于这座牌坊及其相关故事的一次次讲述，因讲述人、听众、具体时间和地点难以确知，无法一一列入上表，但是，这些讲述活动与上述事项同样重要。

注 释

❶ http://post.baidu.com/f?kz=146784121

术语图解

- Ⓐ 火珠
- Ⓑ 正脊
- Ⓒ 骑马雀替
- Ⓓ 垂柱
- Ⓔ 垫板
- Ⓕ 如意云头
- Ⓖ 吻兽
- Ⓗ 戗兽
- Ⓘ 蹲兽
- Ⓙ 套兽
- Ⓚ 龙首形雀替
- Ⓛ 上额枋
- Ⓜ 下额枋
- Ⓝ 次间
- Ⓞ 字牌
- Ⓟ 铁梁
- Ⓠ 正间
- Ⓡ 方鼓子
- Ⓢ 须弥座
- Ⓣ 抱鼓石
- Ⓤ 椽子
- Ⓥ 滴水
- Ⓦ 勾头
- Ⓧ 瓦垄
- Ⓨ 坐斗
- Ⓩ 龙凤牌

术语图解

171

引用文献目录

▍传统文献

- 《安丘县志》（明·马文炜），周庆武编辑《安丘古志》影印本，安丘，1998年。
- 《安丘寨庄马氏支谱》（清·马廷实），抄本，抄写年代无考，安丘市庵上镇大陆阁庄村马氏藏。
- 《春秋繁露义证》（清·苏舆），北京，中华书局，1992年。
- 《点石斋画报》（清·吴友如主编），全五函四十四册，广州，广东人民出版社，1983年。
- 《陔余丛考》（清·赵翼），石家庄，河北人民出版社，1990年。
- 《癸巳类稿》（清·俞正燮），全二册，沈阳，辽宁教育出版社，2001年。
- 《后汉书》（南朝宋·范晔），全十二册，北京，中华书局，1965年。
- 《金石索》（清·冯云鹏、冯云鹓），全二册，北京，书目文献出版社，1996年。
- 《历代名画记》（唐·张彦远），北京，人民美术出版社，1963年。

- 《隶释·隶续》(宋·洪适),北京,中华书局,1985年。
- 《聊斋志异》(清·蒲松龄),济南,齐鲁书社,1981年。
- 《明史》(清·张廷玉等),全二十八册,北京,中华书局,1974年。
- 《南史》(唐·李延寿),全六册,北京,中华书局,1975年。
- 《清史稿》(赵尔巽等),全四十八册,北京,中华书局,1977年。
- 《清俗纪闻》([日]中川忠英编著,方克、孙玄龄译),北京,中华书局,2006年。
- 《全唐诗》(清·彭定求、杨中讷等编),全二十五册,北京,中华书局,1960年。
- 《山东通志(嘉庆)》,道光十七年(1837年)冯云鹓补刊本,山东省博物馆藏。
- 《史记》(汉·司马迁),全十册,北京,中华书局,1959年。
- 《太平广记》(宋·李昉等编),全十册,北京,中华书局,1961年。
- 《太平御览》(宋·李昉等编),全八册,石家庄,河北教育出版社,1994年。
- 《图画见闻志》(宋·郭若虚),北京,人民美术出版社,1963年。
- 《吴友如画宝》(清·吴友如),全三册,上海,上海古籍书店,1983年。
- 《续安丘县志》(清·王训),周庆武编辑《安丘古志》影印本,安丘,1998年。
- 《涌幢小品》(明·朱国祯),全二册,北京,文化艺术出版社,1998年。
- 《元史》(明·宋濂等),全十五册,北京,中华书局,1976年。
- 《庄子集解·庄子集解内篇补正》(清·王先谦,刘武),北京,中华书局,1987年。

近人著作

- 安丘市史志办公室 2002:《铭记同乡》,安丘,内部发行。
- 白馥兰(Francesca Bray)(江湄、邓京力译)2006:《技术与性别——晚期帝制中国的权力经纬》,南京,江苏人民出版社。
- 白化文 2005:《三生石上旧精魂——中国古代小说与宗教》,北京,北京出版社。
- 北京市文物工作队 1964:《北京西郊发现汉代石阙清理简报》,《文物》第11期,页13~22。
- 卜正民(Timothy Brook)(方骏、王秀丽、罗天佑译,方骏校)2004:《纵乐的困惑——明代的商业与文化》,北京,生活·读书·新知三联书店。
- 常建华 2006:《婚姻内外的古代女性》,北京,中华书局。

- 陈谋德（主编）2003:《古风——中国古代建筑艺术·老牌坊》，北京，人民美术出版社。
- 陈泽浦、张立德 1990:《安丘旧城的牌坊》，中国人民政治协商会议山东省安丘县委员会编《安丘文史资料》第 7 辑，页 224~235，安丘，内部发行。
- 陈正宽 1996:《石牌坊的感思》，《大众日报》9 月 2 日，第 7 版。
- 党寿山 2001:《武威文物考述》，武威，内部发行。
- 董传远（编）1989:《山东名胜古迹》，济南，山东友谊书社。
- 董家遵 1995:《中国古代婚姻史研究》，广州，广东人民出版社。
- 恩斯特·柏石曼（Ernst Boerschmann）（沈弘译）2005:《寻访 1906—1909：西人眼中的晚清建筑》，天津，百花文艺出版社。
- 樊英民 2005:《兖州史话》，济南，山东画报出版社。
- 范祥雍 1978（新 1 版）:《洛阳伽蓝记校注》，上海，上海古籍出版社。
- 冯尔康 2005:《生活在清朝的人们：清代社会生活图记》，北京，中华书局。
- 冯骥才（主编）2005:《中国木版年画集成·杨家埠卷》，北京，中华书局。
- 葛剑雄、周筱赟 2002:《历史学是什么？》，北京，北京大学出版社。
- 国家图书馆分馆 2003:《清末民初报刊图画集成》，全二十册，北京，全国图书馆文献缩微复制中心。
- 河北省文物管理处 1979:《河北平山中山国墓葬发掘简报》，《文物》第 1 期，页 1~36，图版壹~玖。
- 何志明、潘运告 1997:《唐五代画论》，长沙，湖南美术出版社。
- 侯旭东 2005:《北朝村民的生活世界——朝廷、州县与村里》，北京，商务印书馆。
- 嵇若昕 2007:《从"鬼工"到"仙工"——清代南派牙雕工艺概述》，《故宫文物月刊》总 291 期，页 58~71。
- 济宁地区文物组、嘉祥县文管所 1982:《山东嘉祥宋山 1980 年出土的汉画像石》，《文物》第 5 期，页 60~70。
- 蒋英炬、吴文祺 1995:《汉代武氏墓群石刻研究》，济南，山东美术出版社。
- 金其桢 2002:《中国牌坊》，重庆，重庆出版社。
- 景甦、罗仑 1959:《清代山东经营地主底社会性质》，济南，山东人民出版社。
- 孔飞力（Philip A. Kuhn）（陈兼、刘昶译）1999:《叫魂——1768 年中国妖术大恐慌》，上海，上海三联书店。
- 李纪三 1989:《安丘民间的风俗习惯》,中国人民政治协商会议山东省安丘县委员会编《安丘文史资料》第6辑,页73~101,安丘,内部发行。
- 李清华、赵家志(主编)2005:《安丘古代碑刻》,安丘,安丘市文化局、安丘市书画协会内部发行。
- 李潍 2002:《多处遭破坏　安丘市天下第一奇坊待保护》,《生活日报》11月28日,第A9版。
- 李行健 1991:《单县石坊雕刻艺术》,《美术研究》第4期,页62~63。
- 李振球 2006:《"绣球纹"考》,稿本。
- 梁思成 2001:《营造法式注释》,梁思成《梁思成全集》第七卷,北京,中国建筑工业出版社。
- 刘大可 1993:《中国古建筑瓦石营法》,北京,中国建筑工业出版社。
- 刘敦桢(编订)1933:《牌楼算例》,《中国营造学社汇刊》第4卷第1期(3月),页39~81。
- 刘敦桢(主编)1984(第二版):《中国古代建筑史》,北京,中国建筑工业出版社。
- 刘曦林 2006:《中国历史题材绘画扫描——在国家重大历史题材美术创作工程中国画创作研讨会上的讲座》,中国国家画院编《中国画研究》第2期,页12~25,北京,人民美术出版社。
- 楼庆西 1993:《中国古建筑小品》,北京,中国建筑工业出版社。
- 鲁文生(主编)2005:《山东省博物馆藏珍》,济南,山东文化音像出版社。
- 路宗元(主编)1999:《齐长城》,济南,山东友谊出版社。
- 罗福颐 1960:《芗他君石祠堂题字解释》,《故宫博物院院刊》总2期,页178~180。
- 罗梅君(Mechthild Leutner)(王文兵译)2004:《19世纪末以及今日中国乡村的婚姻与家庭经济》,张国刚主编《家庭史研究的新视野》,页347~373,北京,生活·读书·新知三联书店。
- 洛阳市文物管理局、洛阳民俗博物馆 2003:《洛阳匾额》第2卷,郑州,河南美术出版社。
- 毛云章 2003:《南京市也有个石头村》,《石材》第2期,页17。
- 毛泽东 1966:《毛泽东选集》,一卷本,北京,人民出版社。
- 马炳烈(记录)1989:《石坊的传说》,安丘县文化局编《安丘民间文学集成》,页48~52,安丘,内部发行。
- 马步元 1998:《续安邱新志》,周庆武编辑《安丘古志》影印1920年刊本,安丘。
- 马德 1996:《敦煌莫高窟史研究》,兰州,甘肃教育出版社。

- 马德 1997:《敦煌工匠史料》,兰州,甘肃人民出版社。
- 马世珍、张柏恒 1998:《安邱新志》,周庆武编辑《安丘古志》重排本,安丘。
- 马萧萧 1959:《石牌坊的传说》,《延河》第 7 期,页 1~18。
- 马萧萧 1963:《石牌坊的传说》,北京,中国青年出版社。
- 马萧萧 1964:《从传说到创作》,《民间文学》第 1 期,页 108~115。
- 马萧萧 1985:《石牌坊的传说》,北京,宝文堂书店。
- 马萧萧 1987:《翠笛引》,北京,中国文联出版公司。
- 曼素恩(Susan Mann)(定宜庄、颜宜葳译)2005:《缀珍录——十八世纪及其前后的中国妇女》,南京,江苏人民出版社。
- 妹尾达彦 2003:《韦述的〈两京新记〉与八世纪前叶的长安》,荣新江主编《唐研究》第 9 卷,页 9~52,北京,北京大学出版社。
- 齐东方 2003:《魏晋隋唐城市里坊制度——考古学的印证》,荣新江主编《唐研究》第 9 卷,页 53~84,北京,北京大学出版社。
- 钱锺书 1979:《管锥编》,全五册,北京,中华书局。
- 邱远猷(主编)1991:《中国近代官职词典》,北京,书目文献出版社。
- 瑞娴 2005:《华丽的凄凉》,《中国文化报》11 月 24 日,第 6 版。
- 山东省安丘县地方史志编纂委员会(编)1992:《安丘县志》,济南,山东人民出版社。
- 山东省安丘市文化局 2002:《安丘文化志》,济南,山东省新闻出版局,内部发行。
- 山东省地方志编纂委员会 1996:《山东省志·文物志》,济南,山东人民出版社。
- 山东省省情教育丛书编委会(组编)1993:《可爱的东阿》,上海,上海文化出版社。
- 山东师范大学历史系中国近代史研究室 1984:《清实录山东史料选》,济南,齐鲁书社。
- 山曼 2003:《八仙——传说与信仰》,北京,学苑出版社。
- 陕西省考古研究所 2003:《大荔李氏家族墓地》,西安,三秦出版社。
- 上海古籍出版社(编)2000:《唐五代笔记小说大观》,全二册,上海,上海古籍出版社。
- 尚刚 2007:《中国工艺美术史新编》,北京,高等教育出版社。
- 邵茗生 1964:《汉幽州书佐秦君石阙释文》,《文物》第 11 期,页 23~24。
- 石永顺、唐杰 2004:《天下第一坊》,《人民政协报》6 月 3 日,第 4 版。
- 史景迁(Jonathan D. Spence)(李璧玉译)2005:《王氏之死——大历史背后的小人物命运》,

上海，上海远东出版社。
- 宿白 1978：《隋唐长安城和洛阳城》，《考古》第 6 期，页 401、409~425。
- 孙志红 2006：《隰县小西天大雄宝殿塑像研究》，北京，中央美术学院博士学位论文。
- 陶德坚 1993：《牌坊：中国文化的一种载体》，《中华文化纵横谈》第 2 集，页 7~8，武汉，华中理工大学出版社。
- 王君政、王振山 2005：《安丘市王家庄镇民俗志》，安丘，内部发行。
- 王树村 2003：《中国民间画诀》，北京，北京工艺美术出版社。
- 王晓丽、张跃放（编）2003：《安丘民间故事》，北京，北京燕山出版社。
- 王跃生 2003：《清代中期婚姻冲突透析》，北京，社会科学文献出版社。
- 王振忠 1999：《牌坊倒了？》，《读书》第 2 期，页 108~110。
- 王志德、刘炳文 2005：图片报道，《齐鲁晚报》12 月 5 日，第 A9 版。
- 《潍坊杨家埠年画全集》编委会 1996：《潍坊杨家埠年画全集》，北京，西苑出版社。
- 文化部文物保护科研所（主编）1983：《中国古建筑修缮技术》，北京，中国建筑工业出版社。
- 巫鸿（郑岩、王睿编，郑岩等译）2005：《礼仪中的美术：巫鸿中国古代美术史文编》，全二册，北京，生活·读书·新知三联书店。
- 萧默 1989：《敦煌建筑研究》，北京，文物出版社。
- 徐培学 2005：《天下第一坊》，《风筝都》第 5 期，页 25~32。
- 杨鸿年 2005：《隋唐两京考》，武昌，武汉大学出版社。
- 叶明山 1986：《倒掉了的石牌坊》，《长江文艺》第 1 期，页 15~21。
- 殷双喜 2005：《刘开渠与人民英雄纪念碑的组织工作》，《美术研究》第 1 期，页 4~13。
- 羽衣 1950：《替身寡妇竖牌坊》，《山东文艺》第 2 期，页 19。
- 张鹏 2005：《辽代庆东陵壁画研究》，《故宫博物院院刊》第 3 期，页 127~149。
- 张紫晨（主编）1991：《中外民俗学词典》，杭州，浙江人民出版社。
- 赵正之 1999：《元大都平面规划复原的研究》，《科技史文集》第 2 辑，页 14~27，上海，上海科学技术出版社。
- 浙江省文物考古研究所 2003：《河姆渡——新石器时代遗址考古发掘报告》，全二册，北京，文物出版社。
- 郑鸿生 2006：《水龙头的普世象征——国民党是如何失去"现代"光环的？》，《读书》第 9

期，页3~12。
- 郑金兰、顾长法、王建伟、王汝凯 1988：《潍坊民间艺术史话》，济南，山东友谊书社。
- 郑学信、贾德民、徐新华 1988：《浅谈庵上石坊的雕刻艺术》，中国人民政治协商会议山东省安丘县委员会编《安丘文史资料》第5辑，页183~186，安丘，内部发行。
- 郑岩、贾德民 1993：《北宋画像石棺述要》，中国人民政治协商会议山东省安丘县委员会编《安丘文史资料》第9辑，页101~107、197，安丘，内部发行。
- 郑振铎 2006：《中国古代木刻画史略》，上海，上海书店出版社。
- 中国国家博物馆、江西省文化厅 2006：《商代江南：江西新干大洋洲出土文物辑粹》，北京，中国社会科学出版社。
- 中国社会科学院考古研究所、河北省文物研究所邺城考古工作队 1990：《河北临漳邺北城遗址勘探发掘简报》，《考古》第7期，页595~600。
- 中国艺术研究院《中国建筑艺术史》编写组 1999：《中国建筑艺术史》，全二册，北京，文物出版社。
- 周积寅、王凤珠 1991：《郑板桥年谱》，济南，山东美术出版社。
- 周庆武 1996：《谭海钩奇——潍南民间故事》，济南，山东友谊出版社。
- 周庆武 2004：《白话耳梦录》，"附：《渠丘耳梦录》原文"，济南，齐鲁书社。
- 周庆武 2005：《安丘名人录》，香港，香港天马出版公司。
- 朱玉麒 2003：《隋唐文学人物与长安坊里空间》，荣新江主编《唐研究》第9卷，页85~128，北京，北京大学出版社。
- 宗凤英 2004：《清代宫廷服饰》，北京，紫禁城出版社。
- 邹跃进 2005：《毛泽东时代美术（1942—1976）》，长沙，湖南美术出版社。
- （作者不详）1986：《吉祥图案》，北京，中国书店。

- Boerschmann, Ernst. 1982. *Old China in Historic Photographs*, New York, Dover Publications, Inc.
- T'ien, Ju-k'ang. 1988. *Male Anxiety and Female Chastity: A Comparative Study of Chinese Ethical Values in Ming-Ch'ing Times*, Leiden: E. J. Brill.
- Ruitenbeek, Klass. 1993. *Carpentry and Building in Late Imperial China: A Study of the*

Fifteenth-century Carpenter's Manual Lu Ban Jing, Leiden: E. J. Brill.

电子文献及互联网资料

- 《CBETA 电子佛典集成》,台北,"中华电子佛典协会",2006 年。
- http://news.sohu.com/2004/02/20/99/news219139980.shtml
- http://post.baidu.com/f?kz=146784121
- http://www.66163.com/Fujian_w/news/xmsb/sb/990824/gb/shxz3.htm
- http://www.ccyl.org.cn/vips/2004/tblf4.htm
- http://www.cppcc.gov.cn/rmzxb/bczk/200407180071.htm
- http://www.jmnews.com.cn/c/2004/10/22/08/c_414002.shtml
- http://www.julu.cn/julu/text.jsp?channelId=news_commerce&infoId=749
- http://www.literature.org.cn/Article.asp?ID=5916
- http://www.sdxnw.gov.cn/city/wf/aq/tese.htm
- http://www.sxgaoping.gov.cn/tour/story/s5.htm
- http://www-wdcds.seis.ac.cn/demo/quake

信 函

- 贾德民致郑岩函,2006 年 5 月 15 日。
- 马炳烈致郑岩函,2006 年 10 月 4 日。
- 马萧萧致郑学信函,1987 年 4 月 8 日。

插图来源

图 1、29、30、31、32、36、38、39、40
　　王振山摄影

图 2、3、9、11、13、14、15、17、18、
20、21、23、24、26、37、41、46、47、
48、59、61、62、63、64、65、66、73、
78、79、82、83、85、97、98、101、102、
103、104
　　郑岩摄影

图 4 采自刘大可 1993：页 266

图 5、6 黄国康、郑岩绘图

图 7 采自陈泽浦、张立德 1990：页 235

图 8 刘冠军摄影

图 10、12、16、19、27、33、35、49
　　郑岩绘图

图 22、25、28、34、43、44 吴树军摄影

图 42 采自山曼 2003：页 110

图 45 采自冯骥才 2005：页 194

图 50 采自宿白 1978：页 412

图 51 采自萧默 1989：页 147

图 52 采自妹尾达彦 2003：页 29

图 53 采自梁思成 2001：页 462

图 54 采自刘敦桢 1984：页 182

图 55 采自吴友如 1983：下，
《古今名胜图说》十五上

图 56 采自《潍坊杨家埠年画全集》编委会 1996：页 123

图 57 采自《点石斋画报》："丝"卷四，页 2，第 292 号

图 58 采自《清俗纪闻》，页 310~311

图 60 采自国家图书馆分馆 2003：页 3934

图 67 采自洛阳市文物管理局、洛阳民俗博物馆 2003：页 284

图 68 采自洛阳市文物管理局、洛阳民俗博物馆 2003：页 277

图 69 采自周积寅、王凤珠 1991：页 564

图 70、105 马炳烈先生提供

图 71 秦建平摄影

图 72 采自周庆武 2005：页 183

图 74 Ernst Boerschmann 1982, frontispiece

图 75 采自陈谋德 2003：页 130

图 76 刘炳文先生提供

图 77 采自中国国家博物馆、江西省文化厅 2006：页 312

图 80 郑岩制作拓片

图 81 采自《点石斋画报》：丙十二，页 92，第 34 号

图 84 采自《潍坊杨家埠年画全集》编委会 1996：页 1、2

图 86 采自文化部文物保护科研所 1983：页 221

图 87 采自文化部文物保护科研所 1983：页 223

图 88 采自孔飞力 1999：页 144

图 89 东京内阁文库藏本，采自 Ruitenbeek 1993：*Juan* III p.1

图 90 郑岩所存资料

图 91 高萌萌女士提供

图 92 采自马萧萧 1985：页 52

图 93 中国国家博物馆藏，采自邹跃进 2005：页 285

图 94 张祖道摄影，采自殷双喜 2005：页 10

图 95 采自马萧萧 1985：封面

图 96 采自马萧萧 1985：页 44

图 99 采自路宗元 1999：页 171

图 100 采自山东省安丘市文化局 2002：封底

鸣谢

在资料调查的过程中,我们曾得到安丘市文化局、安丘市博物馆和庵上镇政府的帮助。

在马玉良、马洪芩两位老人的热情接待下,我们有幸目验《安丘寨庄马氏支谱》的原件。

1993年,安丘市博物馆和山东省文物科技保护中心共同组织了对庵上坊的测绘,参与组织和业务工作的人员有徐保福、陈立兴、常兴照、王秀德、贾德民、马炳烈、黄国康和郑岩等。承蒙安丘市博物馆和当时负责山东省文物科技保护中心工作的常兴照先生慨允,本书使用了此次测绘的部分图纸。

在写作过程中,还曾得到李振球、贾德民、巫鸿、马炳烈、吴树军、王振山、韩宗祥、刘冠军、李清泉、韩小囡、姜波、陈根远、李景法、刘虎、郑学信、郑如珀

（Bonnie Cheng）、施杰、黄小峰、刘炳文、高萌萌、吴雪杉、闫苏和余颖等师友的指教和各种方式的支持。

在本书完稿之前，我们曾就一些初步的看法在几次会议以及多所大学进行演讲，承蒙现场各位师友评论和提问，使得我们有机会享受讨论所带来的新知和乐趣。在此无法一一列举那些评论者和提问者的大名。

谨向以上单位和个人表示衷心的感谢！

特别感谢秦建平女士的帮助！

特别感谢责任编辑张琳女士、校对朱洪先生和美术编辑杨林青、张利先生的敏锐、细致与耐心！

书中错误概由作者负责。

作者
2008年3月30日

修订版后记

这本小书是十年前写成的,初版于 2008 年,目前三联书店已无库存。感谢王振峰女士的建议和努力,使得这本书得以修订再版。

书中的文字反映了我们那个时期的想法,时过境迁,不便做大的改动。这次再版,只是调整了个别字句,基本面貌并无大的变化。

在这本书被出版、销售、阅读的同时,庵上坊周围的环境也发生了一些变化。2007 年 9 月,安丘市对镇、街道一级的行政区划进行调整,庵上镇被撤销,并入石埠子镇。2009 年,由山东省文物局下拨专项经费,安丘市文化局主持,对庵上坊进行了保护性维修。这次维修首先除去地表后来的垫土,露出原有的地坪,同时加固了一些不够稳定的构件。同年,书中提到的北宋胡璡夫妇石棺,被整体搬迁到安丘市博物馆收藏。2015 年,在安丘市文化局的主导下,拆除了 20 世纪 90 年代初在牌坊东侧建造的原庵上镇政府办公大楼。按照新的计划，下一步将尽可能地恢复周边清代原有的景观，以与牌坊的风格相协调。

近年来，随着城镇化的发展，庵上村的人口越来越多地移入各级城镇中，村里年轻人的数量日益减少。这种变化，对于当地的文化一定会产生重要的影响。另一方面，由于新媒体的普及，关于庵上坊的言说也在更大的范围内进一步传播。可以说，这部书中讲述的故事，只是一个开头，还远远没有完结。

一本书出版后，就不再是作者的私有物品了。这本书引发了一些新的研究，有多种形式的书评和论文刊布于杂志和网络上，这当然是我们的幸运。除了对各位读者、评论者以及新的研究者表达我们的谢意，还要特别提一下崔永胜和刘妍的《庵上坊作者或为青州石匠》（《潍坊日报》2011年4月1日，A6版）一文。这篇不长的文字提到一项重要的材料——根据青州藏书家丁汉三（1910—1994年）所辑《百壶斋拾遗》记载，建造庵上坊的匠师实际上是山东青州石工李成文。

《百壶斋拾遗》现存抄本，由丁昌武、丁岱宗整理，与清人安致远之《青社遗闻》、清人邱琮玉之《青社琐记》、民国周贵德之《青州纪游》三书合为一册，2010年由青州市政府史志办公室内部印行。《百壶斋拾遗》之三"先正事略"收录青州人邱琮玉所撰《李连璧传》一文，今据青州史志办排印本，录其要者如下：

> 石工李连璧，余字之曰兆荆。其与余识自乙丑四月，友人孙观亭（文澜）介之，为作传亦然。
>
> 年六十九矣，犹强健如五十许人，目不镜而镌刻。所居曰仇家庄。祖成文，父兴国，皆石工。祖尤有巧工名，善画云龙、花卉、羽毛而刻之。安邱庵上村石坊，其为工师所作，俗所谓作头也。画与刻并工，或侈为独绝，有山东无二坊之说。连璧虽家世攻石，然早孤，祖后父二年亡。其时连璧年方十一，未及承指授。

该文未署写作时间。邱琮玉,字锦方,山东青州裴家桥庄人,生于清同治元年(1862年),卒于1926年。邱琮玉一生经历过两个乙丑岁,分别是同治四年(1865年)和1925年。他结识李连璧当在1925年,由此推定该文的写作时间是1925年或1926年。是时连璧虚岁六十九,以此推算,连璧当生于咸丰七年(1857年)或八年(1858年)。其祖成文去世时,连璧虚岁十一,故知成文卒年为同治六年(1867年)或七年(1868年)。庵上坊建成于道光八年(1829年),当属李成文壮年时的作品。崔永胜和刘妍为文谨严,认为这条资料显示"庵上坊的修建可能与清末青州石匠李成文有关。但仅凭此孤证很难断定李成文就是庵上坊的作者,还需要进一步的挖掘"。然邱琮玉与李成文、李连璧有直接交往,成文卒时,连璧已十一岁,其家族内其他人对于成文事迹也应较为熟悉,故这条材料的可信程度甚高。这也进一步说明,所谓庵上坊作者为扬州李克勤、李克俭兄弟,的确只是一个诗化的传说而已。

最后要提到一个令人难过的事情。本书谈到的马萧萧先生于2009年4月26日在北京逝世,享年八十八岁。马老一生关心庵上坊的保护与研究,据说,当这本书的初版送到他手上时,他已难以阅读。借此再版的机会,我们谨对这位富有爱心与正义感的诗人,表达深深的敬意与追念。

作者
2016年7月31日

Copyright © 2017 by SDX Joint Publishing Company.
All Rights Reserved.
本作品版权由生活·读书·新知三联书店所有。
未经许可,不得翻印。

图书在版编目(CIP)数据

庵上坊:口述、文字和图像/郑岩,汪悦进著.—修订本.—北京:生活·读书·新知三联书店,2017.1 (2024.1 重印)
(细节阅读)
ISBN 978-7-108-05829-4

Ⅰ.①庵… Ⅱ.①郑…②汪… Ⅲ.①石雕-牌坊-研究-安丘-清代 Ⅳ.① K928.71

中国版本图书馆 CIP 数据核字(2016)第 248377 号

特约编辑	张 琳
责任编辑	王振峰
封扉设计	薛 宇
内文设计	杨林青工作室
责任印制	卢 岳
出版发行	生活·讀書·新知 三联书店
	(北京市东城区美术馆东街 22 号 100010)
网 址	www.sdxjpc.com
经 销	新华书店
印 刷	北京隆昌伟业印刷有限公司
版 次	2008 年 5 月北京第 1 版
	2017 年 1 月北京第 2 版
	2024 年 1 月北京第 3 次印刷
开 本	720 毫米 × 880 毫米 1/16 印张 11.75
字 数	100 千字 图 105 幅
印 数	15,001-17,000 册
定 价	45.00 元

(印装查询:01064002715;邮购查询:01084010542)